100％確実に売上がアップする
最強の仕組み

购买按钮
要用绿色的

[日] 加藤公一莱奥　著

马云雷　杜君林　译

北京联合出版公司
Beijing United Publishing Co.,Ltd.

图书在版编目（ＣＩＰ）数据

购买按钮要用绿色的 / (日) 加藤公一莱奥著；马云雷，
杜君林译. -- 北京：北京联合出版公司，2016.3
　　ISBN 978-7-5502-7073-2

　　Ⅰ.①购… Ⅱ.①加… ②马… ③杜… Ⅲ.①网上销
售—通俗读物 Ⅳ.①F713.36-49

中国版本图书馆CIP数据核字(2016)第010841号

100% Kakujitsu ni Uriage ga UP Suru Saikyo no Shikumi by Leo Koichi Kato
Copyright © 2015 Leo Koichi Kato
Simplified Chinese translation copyright ©2016 by Beijing Adagio Culture Co. Ltd.
All rights reserved.
Original Japanese language edition published by Diamond, Inc.
Simplified Chinese translation rights arranged with Diamond, Inc.
through CREEK & RIVER Co., Ltd. and CREEK & RIVER SHANGHAI Co., Ltd.
著作权合同登记号：图字 07-2015-8445 号

购买按钮要用绿色的

作者：【日】加藤公一莱奥
译者：马云雷 杜君林
选题策划：北京慢半拍文化有限公司
责任编辑：牛炜征
封面设计：红杉林设计
版式设计：如果设计

北京联合出版公司出版
（北京市西城区德外大街83号楼9层　100088）
北京山华苑印刷有限责任公司印刷　新华书店经销
字数200千字　　710毫米×1000毫米　1/16　　14印张
2016年5月第1版　　2016年5月第1次印刷
ISBN 978-7-5502-7073-2
定价：39.80元

PREFACE
序 言

本书是网络销售领域的成功宝典。

本书只有一个目的，那就是帮你在网销行业收获成功。

目前，市场上充斥着各种各样"网络营销类"的图书，然而书中内容几乎千篇一律。不是关于网络广告市场的动向，就是关于未来的营销和技术。

这些书无非是罗列些"社会化媒体营销""增长黑客""内容营销""大数据""顾客购买体验"等潮词，说些漂亮话罢了。

然而，对于网销行业的负责人和员工来说，他们更应该知道"如何提高网络广告的成本效率？""如何通过网络广告将产品销售出去？"而不是网络市场的动向和未来科技的走势。

因为无论何时，广告的本质都在于销售。特别是网络广告，最大的特点就是和销售直接联系在一起。

对于网络营销来说，能否卖得出去决定了广告的一切。不客气地说，无法售出商品的广告就是垃圾。

因此，本书绝不虚张声势，而是实事求是地将销售产品的技巧呈现给广大读者。

本书不仅包括网络销售中从广告（聚集客源）到CRM（Customer Relatimship Management，顾客关系管理，其核心理念是成交额、重复购买率、交叉销售）的王牌法则，还包括让所有网络销售业主轻而易举就能提高产品销量的技巧和模式。

日本大型的网销企业中，有超过70%的企业在我公司进行过商业咨询。其中就包括YAZUYA、味之素、卫材、奥克朗、花王、兴和、SUNSTAR、JIMOS、日清食品、好侍食品、森永乳业、山田养蜂场、狮王、乐敦制药、朝日食品等知名企业。

可以说，在网络营销上取得成功的日本企业几乎都在本公司进行过商业咨询。

您可能会想，这些企业都是知名的大企业，那是不是不适合中小企业啊？您多虑了。我们不仅对大企业进行过指导，对各种规模、不同领域的中小企业，甚至个体户也进行过指导，因此本书中告诉您的技巧可谓是通用的法宝。

就我个人而言，之前就职于三菱商社，其后又转战于专业的大型广告公司ADK，并一直从事直销的研究工作。

2010年我创办了名为"Ureru Net Advertising"的商务咨询公司。

因为长期以来一直从事直销型以及网络广告的研究咨询工作，所以不客气地说，在这个领域我就是开拓者，我最有发言权！

我找到了让各位广告主都能盈利的网络营销秘笈。

此外，本人还在有"营销界奥林匹克"之称的数字营销峰会（Adtech）上连续三年获得最佳讲师的殊荣。（2012东京数字营销峰会，2013~2014九州数字营销峰会）

因此我有这份自信，在网络营销领域我称第二，就没人敢称第一。如果您觉得我夸大其词，不妨在网上搜一下我的名字"加藤公一"和我的公司"Ureru Net Advertising"，也可以向身边的同行打听下我的话是否属实。

我可以向您保证，只要您按照本书中的最佳模式去实践，100%能够提高网络广告的成本收益率。

您可能会心里想："什么？100%？你就不怕风大闪了舌头？"

的确，没有哪个作者敢用100%这样的词汇。因为，用了这样的词汇，对作者来说，就得承担更大的风险。然而，我敢保证，本书100%会提高您网络广告的成本收益率。

我敢承诺，我也敢保证。

从2000年起15年间，经我手的广告费就超过了200亿日元，我们做过的案例也涉及网购的各大领域。我的自信正来源于此。

在这15年间，我进行了几百次"A/B试验"（在相同条件下采用不同的广告创意，从中找到最具效果的广告）。

仅从"A/B试验"的数量上来说，在日本恐怕就无人能及。通过这几百次的"A/B试验"，我们终于找到了答案。

比如，如何才能将回应率❶提高2.5倍？

如何才能将回应率提高3.7倍？

如何才能将回应率提高4.2倍？

本书将基于真实数据，为您揭示如何才能提升回应率，如何才能让提高广告的成本收益率。

本书没有任何假设和套话，一切皆基于"A/B试验"的结果。

不仅如此，书中所写的技巧已经经过了多家公司的验证。

为了让所有网销企业都能通过网络广告来提升回应率，提高成本收益率和营业额，我们将其中的技巧和模式都整理了出来。

---

❶ 回应率比点击率更严格。顾客的回应是指顾客不仅点击广告页，还会做出申请体验装，咨询客服，购买下单等行为。

你明天想到达富士山的顶峰，我们就用直升飞机把你送上去。你明天想考上东京大学，我们就把所有的答案都告诉你。本书就是这般神奇。

此外，本书阐述的技巧和模式是以直销的概念为基础，通过上百次试验才总结出来的，不但不老套，而且具有普遍性。

因此，我相信本书即便再过10年、20年也依然可用，这绝不同于那些刚一上市就被淘汰的《XX营销》类图书。

而且，有数据表明最近几年按照本书的内容去实践的顾客，他的广告成本收益率提高了6倍，最高的甚至提高了18倍。

再重复一遍，只要您按照本书的内容按部就班地去实践，我就敢保证您的网络广告成本收益率一定会有所提升。

话不多说，赶快按照本书的内容去实践吧！

加藤公一莱奥

CONTENTS
目 录

序　言

第3章　这样设计引导页，转化率提升300%

第4章　在"购买确认页"高效开展向上销售

第5章　"购买完成页"一定要有转发按钮

第6章　怎样才能做出回应率最高的广告创意（文案和设计）

第7章　销售跟进这样做，销售额会翻番

第8章　和广告公司合作的22条经验

终 章　提升营业额的超强必杀技

后　记

第1章

投放网络广告前，

一定要先确定盈利思路

★ 购买按钮要用绿色的

俗话说，三分货，七分卖。

尤其是网络销售，广告起到了决定性作用。不过，在投放广告前首先应明确产品的盈利模式。

广告只有在明确的盈利模式下才能够发挥效力。然而，很多线上销售企业在尚未明确盈利模式前，就利用广告大肆宣传，向顾客无节制地发送大量垃圾邮件。结果导致CPO（Cost Per Order：每订单成本）过高，因此别说盈利了，就连广告成本都很难收回来。

因此，在尚未明确盈利模式之前，投入的广告费用越多，亏损金额也就越大，宝贵的广告费白白打了水漂。

反之，明确了盈利模式后再投放广告的话，就如同顺水行舟，顾客增多了，商品畅销了，营业额自然而然就会与日俱增。

因此，我在给顾客作企业咨询时，第一要务不是广告，而是明确盈利方式。简单来说，应首先帮助企业构建一个可以盈利的商业模式。

"高回应率、高成交率、高重复购买率""三高原则"，让营业额急速攀升

盈利模式究竟所谓何物？

专业点讲，即大幅度提高商品的销售效率，最大化提高公司的销售业绩。

其实，盈利模式并不复杂，只需按照以下三大原则按部就班地进行即可：

①通过广告吸引潜在顾客的关注。（高回应率）

②引导潜在顾客进行购买。（高成交率）

③引导成交顾客多次购买，使其成为常客。（高重复购买率）

虽然行业有所不同，但通过以上三大原则，许多公司都取得了骄人的成绩。

简单来说，就是通过广告吸引顾客注意后，引导这些顾客购物，再设法让他们成为回头客，最终成为稳定的客源。换句俗话，即放长线钓大鱼。

★ 购买按钮要用绿色的

网络广告成功三原则

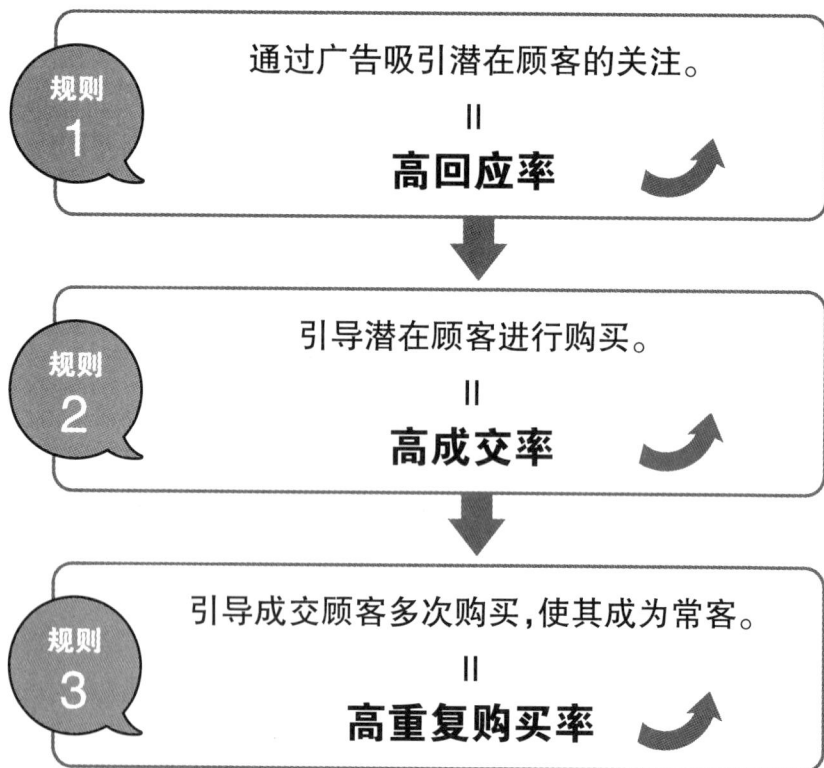

规则 **1**
通过广告吸引潜在顾客的关注。
＝
高回应率

规则 **2**
引导潜在顾客进行购买。
＝
高成交率

规则 **3**
引导成交顾客多次购买，使其成为常客。
＝
高重复购买率

第1章　投放网络广告前，一定要先确定盈利思路

其实，通过对日本最大的门户网站Yahoo JAPAN（以下简称为雅虎）等线上销售企业的研究，我们会发现90%以上的企业都遵循了这三大原则。

这些公司在创立之初，大都处于亏损状态，然而它们并未将眼光局限在消费者的单次购物行为上，而是努力使该消费者成为回头客，进而提高该消费者的顾客终身价值（LTV，Life Time Valug 即一个顾客在一定周期内的购物金额），创造更高的利润。

正是在LTV这一概念的基础上，通过积极地、合时宜地投放广告，这些公司才获得了大量的高价值顾客，才有机会分享网络销售的"市场蛋糕"。

原则 1　通过广告吸引潜在顾客的关注

在投放网络广告时，切勿销售商品。

这个阶段，我们的首要工作是获得潜在用户的关注。

请先回答我一个问题：

★ 购买按钮要用绿色的

"最近10年，您是否有点击广告后当即购买该商品的经历？"

在演讲时我常会抛出这个问题，结果超过90%的人都给出了否定的答案。我们搞营销的人都不会买，就更别说一般的消费者了。

您可以看看自己网站的用户记录。您投入大量资金吸引来的顾客在网站上的停留时间几乎不会超过10秒。

怎么会这样呢？其实理由很简单。

其实网络消费者的最大特点就是喜欢比较。

再说一遍：网络消费者的最大特点就是喜欢比较。

所以这些顾客一定会去一些大型网站，看看有没有更加物美价廉的商品。也一定会点开评论，看看该商品的优缺点，同时搜索更多关于同类商品的信息。经过一番比较之后，回到原网站购买该商品的顾客就少之又少了。因此，你的转化率（Conversion Rate：提交订单的量占点击顾客总量比率）才低得如此可怜。

换句话说，在互联网世界"被比较"就是最大的敌人。

那该如何是好？其实很简单，在被比较前取得消费者的个人信息即可！

第1章　投放网络广告前，一定要先确定盈利思路

具体来说，就是通过免费体验装（样品／试用品）或100日元❶超值体验装（样品／试用品）、500日元超值体验装（样品／试用品）等，将有可能购买产品的顾客信息弄到手。

因为免费体验装、100日元超值体验装或500日元超值体验装（样品／试用品）不会给顾客造成任何经济上的负担，所以他们大都愿意填写个人信息来索取体验产品。

就像你去联谊会，有一个女孩令你心动，如果你当场表白，被拒绝的可能性很大。但如果你先约她吃吃饭，互换下联系方式，慢慢地向她展示你的人格魅力，如果觉得合得来再向她表白的话，成功的概率就会高出几十倍。

广告也是一样。

尤其是现在的消费者，每个人都把钱袋子看得很紧，一则广告是很难就让他们购买产品的。

因此，直奔销售主题就等于抬高了门槛。但如果写道：

"您是否愿意尝试一下我们的免费体验装？"

"您是否愿意尝试一下我们的500日元超值体验装？"

---

❶ 1日元≈0.053人民币

★ 购买按钮要用绿色的

利用网络广告着力吸引潜在顾客

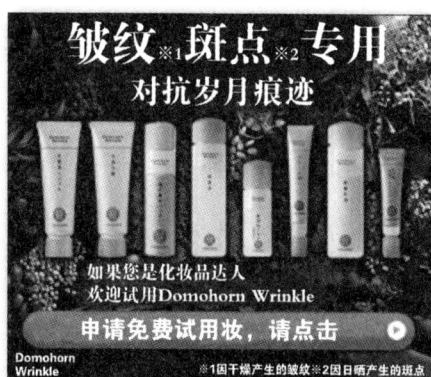

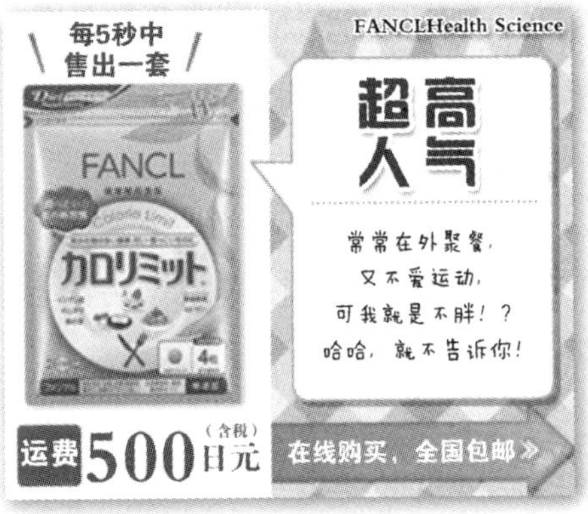
每5秒中
售出一套
FANCLHealth Science
FANCL
カロリミット
超高
人气
常常在外聚餐，
又不爱运动，
可我就是不胖！？
哈哈，就不告诉你！
运费500日元（含税）
在线购买，全国包邮》

新款“小金瓶”发售纪念
新一代
“小金瓶”上市了！
免费
体验
征集中！
Aqua-Collagen-Gel
前2万名体验用户
可获得金色化妆包一只
礼品送完即止。提供：Dr.Ci:Labo

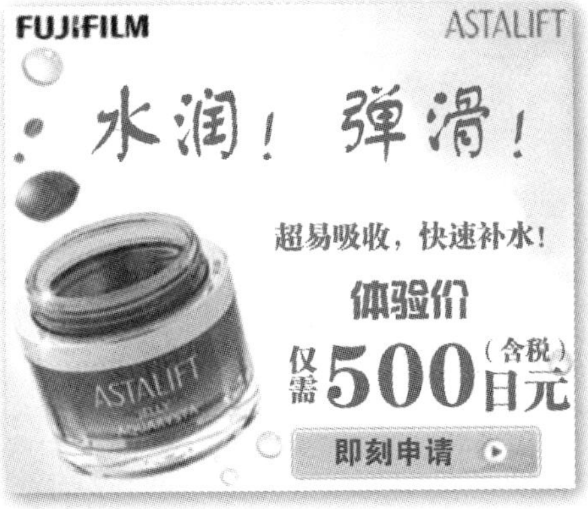
FUJIFILM
ASTALIFT
水润！弹滑！
超易吸收，快速补水！
体验价
仅需500日元（含税）
即刻申请
ASTALIFT

门槛是不是一下子就降低了呢，当然广告的回应率也会出现大幅度的提升。

的确，通过广告直接售出商品很难，但是通过广告吸引潜在顾客却十分简单。同时回应率也会发生质变。

当然CPA（Cost Per Action：吸引顾客作出预期行动所花费的成本）也截然不同。具体而言，吸引潜在顾客的广告比直接销售商品的广告在回应率上可高出几十倍。

如果在此基础上，对这些潜在顾客，进行有针对性的营销活动，那么最终的CPO也一定不错。

希望目前正在积极投放网络广告的公司可以注意到，没有一家公司能通过网络广告直接卖掉商品。

原则 2 引导潜在顾客进行购买

通常，我们把通过广告直接销售商品的方法称为"**一步营销法**"，而通过广告吸引潜在顾客，再引导其购物的方法称为"**两步营销法**"。

第1章 投放网络广告前，一定要先确定盈利思路

很多公司正是因为采用了通过广告直接销售商品的"**一步营销法**"，才丢失了大量机会。

"**两步营销法**"看起来似乎走了弯路，但在线上销售的世界里，它却拥有神奇的魔力，因此我大力推荐。当然，我们不能仅停留在获得潜在顾客的阶段上，因为将商品售出才是公司的利润之源。潜在顾客很重要，购买商品的真实顾客更重要。

虽然申请体验装，对于这些潜在顾客来说没有任何风险，但是他们不厌其烦地填写了申请表格，就说明他们对商品感兴趣，因此对他们进行适当的营销活动，就一定会有部分顾客购买我们的产品，成为公司的真实顾客。

其中很重要的一点，就是让顾客可以轻松地申请（购买）本产品。

因此，除了在给顾客发送免费体验装和样品时要附上营销信和商品手册外，也应在邮件中附上产品链接。

通常，通过网络申请体验装的顾客绝大多数仍会选择在网上购买。因此，通过网络，即邮件是获得真实顾客行之有效的方法。

例如，某家公司投入了100万日元的广告费直接进行销售的话，只有50人回应。但如果先通过广告吸引到潜在顾客再进行销售的话，

★ 购买按钮要用绿色的

两步营销法，效果更佳

一步营销法
＝
直接销售商品

购买

两步营销法
＝
先吸引潜在客户

体验

购买

就可能有1000人回应。接下来，如果对这1000人进行有效的营销，哪怕只有200个人购买产品，销售额也翻升了4倍。

再重申一遍，与"一步营销法"相比，"两步营销法"在CPO上占有绝对优势。接下来，我会用案例加以佐证。

我并非广告人，而是商业顾问。因此，我绝对不会像广告公司那样，一上来就让你投放广告。我会让你去考查，去验证现在的商业模式是否正确。这里我将为您介绍4个关于商业模式A/B试验的真实案例。

案例 ① 某保健食品公司的CPO降至原来的1/3

目前该企业是日本九州地区最为成功的网销企业，然而若干年前，该企业还在利用"一步营销法"通过广告直接销售价格为2000日元的保健食品。

当时，该企业在雅虎上投放广告时的CPO竟高达15200日元。（采用一步营销法时，CPA=CPO）

针对这一现状，我提议"投放网络广告时，放弃一步营销法，改用两步营销法，并提供7天量的免费体验装。"

结果，在其他条件不变的情况下，通过我的两步营销法和7天量免费体验装活动，CPA从15200日元一下子锐减到了800日元。

当然，这是免费的魔力！

其后，我们又对这些潜在顾客进行了一系列营销活动，结果成交率（申请体验装的顾客中购买产品的顾客比例）达到了15%，CPO降至5333日元。

简而言之，通过两步营销法，该公司的CPO从15200日元降至5333日元，仅为当初的1/3。

案例② 某化妆品网络销售公司的CPO降至原来的1/6

该企业目前的营业额高达100亿日元，然而若干年前，该企业还在利用"一步营销法"通过广告直接销售价格为4000日元的化妆品。当时，该企业在雅虎上投放广告时的CPO竟高达36000日元。

然而，在其他条件不变的情况下，通过我的两步营销法和5天量免费体验装活动，CPA从36000日元一下子锐减到了550日元。

其后，我们又对这些潜在顾客进行了一系列营销活动，结果成交率（申请体验装的顾客中购买产品的顾客比例）达到了10%，CPO降至5500日元。

简而言之，通过两步营销法，该公司的CPO从36000日元降至5500日元，仅为当初的1/6。

案例③ 某食品公司的CPO降至原来的1/4

若干年前，该公司采用了一步营销法，通过网络广告进行商品促销，当时每件产品的售价为2000日元，而在雅虎上投放广告的CPO却高达28000日元。

由于该企业高居行业榜首，不愿推出免费的体验活动，因为我建议他们推出500日元的超值体验装活动。

然而，在其他条件不变的情况下，通过我的两步营销法和7天量500日元超值体验活动，CPA从28000日元一下子锐减到了2500日元。

其后，我们又对这些潜在顾客进行了跟踪营销，结果成交率（申请体验装的顾客中购买产品的顾客比例）上升至了35%，CPO更是降至7143日元。

简而言之，通过两步营销法，该企业的CPO 从28000日元降至7143日元，仅为当初的1/4。

案例 ④　某化妆品公司的CPO降低至原来的1/4

这又是一家企业的成功案例，如今它已经荣登网销行业十强榜单。不过，这家企业原本就采用了两步营销法，推出过1000日元的超值体验装。然而，当时它在雅虎上投放广告时的CPO却仍然高达22500日元。

我认定该公司的超值体验装价格过高，在网上这个价格区间的产品比比皆是。于是我建议他们推出100日元的超值体验装活动。

于是，奇迹发生了。在其他条件不变的情况下，通过我的两步营销法和7天量100日元超值体验装的活动，CPA从4500日元一下子锐减到了1000日元。

其后，我们又对这些潜在的顾客进行了跟踪营销，结果成交率（申请体验装的顾客中购买产品的顾客比例）上升至了16%，虽然这

在互联网销售中"两步营销法"更具效果

		价格	CPA	成交率	CPO	
（商品单价为2000日元）	某保健品网销公司	一步营销法 该产品	15200日元	＝	15200日元	CPO 降至1/3
		两步营销法 免费体验装	800日元	15％	**5333日元**	
（商品单价为4000日元）	某化妆品网销公司	一步营销法 该产品	30600日元	＝	30600日元	CPO 降至1/6
		两步营销法 免费体验装	550日元	10％	**5500日元**	
（商品单价为2000日元）	某食品网销公司	一步营销法 该产品	28000日元	＝	28000日元	CPO 降至1/4
		两步营销法 500日元特惠体验装	2500日元	35％	**7143日元**	
（商品单价为3000日元）	某化妆品网销公司	两步营销法 1000日元特惠体验装	4500日元	20％	22500日元	CPO 降至1/4
		两步营销法 100日元特惠体验装	1000日元	16％	**6250日元**	

※ 【CPA】每行动成本（Cost Per Action）
　　【CPO】每订单成本（Cost Per Order）

017

不及1000日元超值体验活动时的成交率，但由于前期阶段的CPA大幅度削减，CPO自然也有所降低，仅为6250日元。

简而言之，通过两步营销法，将当初1000日元超值体验装活动变成了100日元的超值体验装活动之后，该公司的 CPO 从22500日元降至6250日元，仅为当初的1/4。

当然除了上述4个案例，在我从业的15年间，针对商业模式做的A/B试验不下几十次。

我敢肯定地说：

• 投放网络广告时，两步营销法比一步营销法更有助于削减CPO。

• 对于体验装（样品／试用）的价格，价格越低越有助于削减CPO，500日元比1000日元要好，300日元比500日元要好，100日元比300日元要好，当然免费最好。

不过，采用免费体验装和100日元超值体验装时因公司的规模不同略有差异，规模较大的公司通常是采用免费体验活动时更有助于降低CPO，而中小企业却是采用100日元超值体验活动时更具效果。

顾客在使用完体验装后，如果心仪该商品则会再次购买，因此比起一步营销法，采用两步营销法的回头客也较多。

原则 3　引导成交顾客多次购买，使其成为常客

不光是线上销售，任何销售企业为了最大程度上提高营业额，都必须重视顾客的重复购买率。

确切来讲，单一商品的销售，都是靠回头客的反复购买（抑或是通过交叉销售诱导其购买相关产品）才实现的盈利，而首次购买只是与顾客建立了某种联系。

因此，即便通过广告汇聚了大量潜在顾客，又成功让这些潜在顾客购买了产品，但如果他们只购买一次的话，大部分公司还是无法收回支出的广告费用。

企业在雅虎上投放广告时，CPO平均为商品价格的2.5倍之多。例如，产品价格为3000日元时，CPO通常会超过7500日元。

因此，必须从包括重复购买率在内的"顾客终身价值（LTV）"的角度来评判网络广告的成本收益率。

就像企业都是以年为单位进行结算一样，网络广告也应以年为单位，这样才能更加准确地评判广告的效果。

其实，凡是在网销行业大获成功的企业都拥有大批的回头客。

重复购买：销量最大化的利器

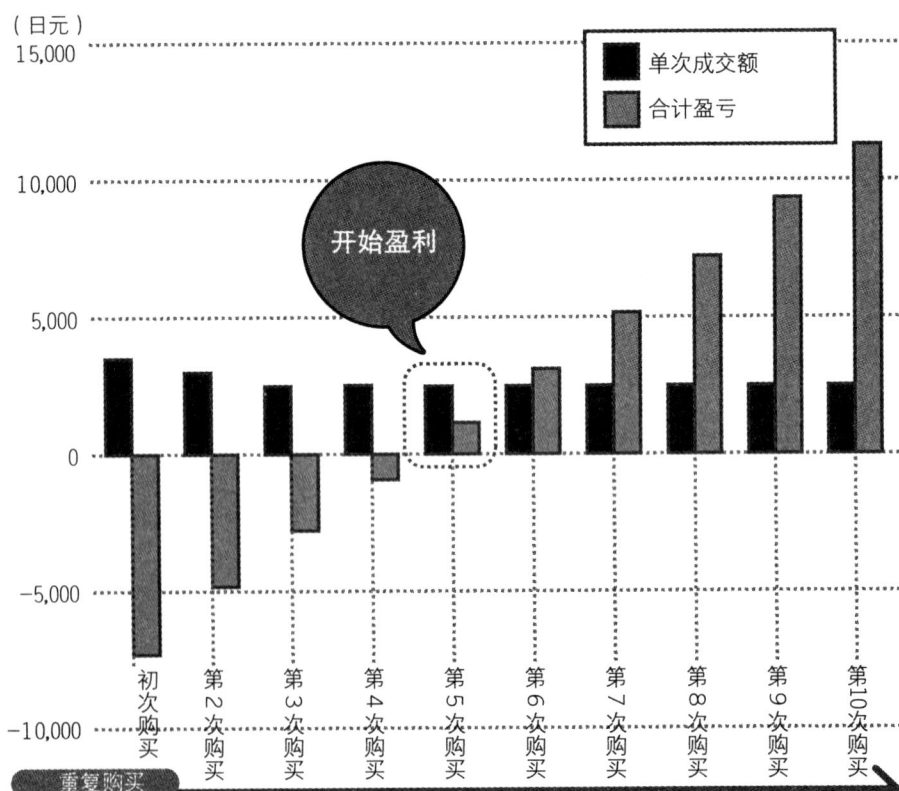

（日元）
15,000

- 单次成交额
- 合计盈亏

10,000

开始盈利

5,000

0

-5,000

-10,000

初次购买　第2次购买　第3次购买　第4次购买　第5次购买　第6次购买　第7次购买　第8次购买　第9次购买　第10次购买

重复购买

换句话说，正是由于它们拥有了大批老主顾，才能够收回广告费用，才能够获得高额的利润。

由于这些公司关注顾客的重复购买率，有针对性地进行顾客关系管理（CRM），它们的"顾客终身价值（LTV）"才高，它们才能够扛得住高CPO，才能更加积极地投放广告，才能获得大量顾客，从而占领市场。

当然，为了提高顾客的重复购买率，产品质量必须过硬。顾客对产品不满意就不会再次购买。不过话又说回来，即便你产品不错，但没有促使顾客再次购买的有效机制，重复购买率也只会处在一个低水平。

例如，像化妆品和保健食品这类重复购买率高的产品，如果能引导顾客购买一个周期的产品，然后按时送货是最佳选择，这最大程度上提高了顾客的重复购买率，同时也提高了销售业绩。因此，我推荐周期产品，大家不妨试一下。

做好这7个指标，想不赚钱都难

与许多企业沟通时，有件事令我颇为震惊，许多公司竟对基本的管理指标（各类数值）尚未掌握。

许多不负责任的顾问在进行广告营销时，只会盯住CPA这一个指标看。其实我们应该掌握几个更为复杂、稍有深度的数值（见下页图表）。

图表左边是网络销售行业内的基本管理指标。

如果目前，您还没有掌握自己公司的"CPA""成交率""CPO""客单价""年度购买次数""顾客终身价值""年度ROAS"等指标的话，即刻起请开始关注。

其实，不光是您，您公司凡是和线上销售有关的员工都应该掌握这些指标。

我们发现那些成功的企业中，不光是该业务的负责人，从员工到老板每个人对这些指标都了如指掌。

其中最重要的一点就是，公司的全体员工都应该对自己的方案所取得的成果有明确的认识，并据此判断下一个方案的可行性，从而保证方案的行之有效。只有这样，才能大幅度地提升网络广告的成本收益率。

其中，"CPO"和"顾客终身价值（LTV）"是两大重要指标。

最基本的管理指标

CPA: Cost Per Action 每行动成本 投入成本即媒体费用 总回应数即申请体验装、索取小样的潜在客户	$\dfrac{\text{投入成本}}{\text{总回应数}}$	1,000 日元
成交率 潜在客户中购买本产品的比例	$\dfrac{\text{总购买人数}}{\text{总回应数}}$	20%
CPO: Cost Per Order 每订单成本	$\dfrac{\text{投入成本}}{\text{总购买人数}}$	5,000 日元
客单价 每位顾客单次购物的平均金额	$\dfrac{\text{年销售额}}{\text{年度订单总数}}$	2,500 日元
年度购买次数 本年度每位顾客的平均购买次数	$\dfrac{\text{年度购买单价}}{\text{单次购买单价}}$	10 次
顾客终身价值(LTV) 本年度每位顾客的平均购买金额	$\dfrac{\text{年销售额}}{\text{顾客人数}}$	25,000 日元
年度 ROAS 本年度广告的成本收益率	$\dfrac{\text{年度购买单价(LTV)}}{\text{CPO}}$	500%

而"年度ROAS"是最重要的指标。

①如何利用广告获得大量的新顾客？（CPO）

②她何让新顾客成为回头客，从而提升年度的营业额？（LTV）

③广告的成本收益率怎么样？（年度ROAS）

简单来说，网络销售企业想要盈利，就必须降低CPO，提高LTV，让LTV高于CPO。

另外，前页管理指标中填写的数值，是成功网销企业的标准指标，仅供参考。

正如您看到的，每笔订单成本（CPO）为5000日元时，每名顾客的年度购买总金额为25000日元（顾客终身价值LTV）。即广告的成本收益率"年度ROAS"为500%，这就意味着盈利。

然而，大多数网络销售企业的"顾客终身价值LTV"仅为7000日元，而CPO却高达10000日元。

如此入不敷出，广告投放得越多当然也就亏得越多。

不过请放心，本书就是要教你如何全面提升"CPA""成交率""CPO""客单价""年度购买次数""顾客终身价值""年度ROAS"等各项指标的宝典。

第2章

这样设计广告页，点击率激增400%

明确告诉你，这样做网络广告没人理

首先，我想问各位读者一个问题：上网的时候，您会点击那些展示广告吗？

我想，大多数读者给出的答案都是否定的。其实，大多数人都不会点击。

随着互联网的普及，网络广告的到达率逐年增高，然而点击率却大幅度降低，目前网络广告（纯广告）的平均点击率仅维持在0.1%左右。也就是说，1000个看到广告的人中只有1个人会点击。

为什么点击率如此之低呢？其实说到底正是因为网络广告跟其他媒体相比常常被人无视。作为一名从事与网络广告相关工作的人士，可能我不应该如此直言不讳。

但是，网络广告的的确确容易被人无视。

通常，**消费者上网，都是为了获取信息，而不是为了观看广告。**因此，广告很难进入消费者的视线，被无情地忽略就成了理所当然。如果没意识到这一点，**再怎样投放广告、大肆宣传，也不会有人点击。**

不过，如果你弄懂了上网用户的所想所需，了解了网络广告容易被忽视这一问题，在此基础上进行广告策划的话，点击率就会有大幅度攀升。

如果你掌握了用户的心理，让0.1%的点击率翻升2倍、4倍，达到0.2%、0.4%也绝非难事。

广告创作技巧 1 明确指定阅读群体的广告词，更能提高点击率

首先，在网络广告里，对点击率影响最大的当属广告语。

如何在一瞬间就吸引住消费者的眼球，让他点击广告进入相关页面呢？一句让人心动的广告语不可或缺。

然而，许多广告主只关注展示广告设计上是否美观、醒目，却忽视了最最重要的广告语。

那么，怎样的广告语才会获得高点击率呢？

大部分人上网都关注信息而忽略广告，为了诱导这些人点击，我们应该让广告语具有信息性。

具体来说，大部分人上网，要么浏览一些有趣的信息、要么寻找一些解决问题的方法，对于这些人来说，含有相关信息的广告语最能吸引到他们的注意。

他们既然来寻找相关信息，我们就提供这些信息。

因此，**在制作广告文案时，别让消费者以为我们发的是广告，要让他们觉得是有用信息。**

高点击率的广告语①

A 花哨的广告语	B 针对特定人群的广告语

追逐美的步伐，我从不停歇！ NEW

UK 热销健康食品

URECORA

胶原蛋白免费体验装，限30岁以上女性用户。 NEW

UK 热销健康食品

URECORA

请记住，高点击率的广告语，就是针对特定群体的广告语。

例如：广告语中可以写道"给……的人""致……的你"等，这样就明确了特定人群、仿佛一道征集令。

再强调一句，**在互联网用户中，无论年龄几何，兴趣如何，他们只会注意自己要找的信息**。

因此，**对于这些用户来说，某些语句如果属于他的寻找范围，自然就成了有效信息。他想知道这些信息中是否有自己想要的答案，当然就会点击**。这些广告语既不华丽，也不针对所有人。

不过，正是因为缩小了范围，才会让范围内的用户看到这则广告后认为是对自己有用的信息，从而提高点击率。

简单来说，只要通过网络广告把那些感兴趣的人吸引过来即可。这时广告语的作用不是加强产品印象，而是呼吁、吸引那些对某一主题感兴趣的人，如此一来点击率自然会有大幅度提升。

而且这种广告语还有一大特点，那就是除了点击率，后续的转化率也会大幅度提升。

这是因为你吸引到的顾客，都是对广告信息颇感兴趣的人，他们点击进入网站后，购买产品的可能性自然也大。因此，点击率和转化率都得到了提升，可谓是一箭双雕。

广告创作技巧 2

留有悬念的广告语，更能提高点击率

另一个提升点击率的办法，就是在设计广告语时，让人产生一种急于了解下文的欲望。

网络是顾客主动应用型的媒体。

只要您浏览过各类媒体的首页，一定不难发现，网页上的内容大都为标题。用户从中选择感兴趣的话题，然后再点击了解。当然，单看标题谁也无法了解内容，不过也正因如此用户才不得不点击进入。

总之，**设计广告语时，绝不能一目了然，要留有悬念，让人有了解详情的欲望，这样点击率必然会有所提高。**

如果广告语再少几分广告，多几分信息的感觉，那么点击率一定会有大幅度的攀升。

比如，在答题节目中，经常会出现"广告过后，为您揭晓答案！"，其实就是这个道理。

说到底，广告只不过是诱饵，如果广告语已经一目了然了，谁还会进一步点击呢？所以首先应把顾客吸引到网站中来，再引导其购买产品。

★ 购买按钮要用绿色的

高点击率的广告语②

A 花哨的广告语	B 让人想知道下文的广告语

✗ ✓

追逐美的步伐，我从不停歇！ NEW

UK 热销健康食品

URECORA

选择胶原蛋白时容易陷入三大误区，你知道是什么吗？ NEW

UK 热销健康食品

URECORA

比起一步到位，循序渐进更能打动人心。

不过，采用这类广告语时，切记登录页上一定要有顾客想要的答案（信息）。

比如，你在广告语中写道："选择胶原蛋白时，你犯了哪三大错误？"这时你在登录页上就一定要阐明这"三大错误"。

当然，之后你可以做进一步推荐，以帮助顾客解决问题、满足顾客所想所需的姿态，宣传自己公司的产品。

这种让顾客急于了解下文的广告语比第一种更能提高点击率。

不过，转化率却不及第一种针对特定人群的有效。

您不妨根据自己的公司特点以及产品，试试看到底哪种广告语更为合适。

广告创作技巧 3 单纯的商品图片比明星图片，更能提高点击率

在设计网络广告时，图片对点击率的影响仅次于广告语。

根据图片的好坏，点击率会有1.5~2倍的差别。

在网络广告中，其实采用商品的图片点击率会更高。比起好看的模特和艺人，一张简单的商品图片更能得到顾客的回应。

不得不承认，消费者对模特和艺人的喜爱程度，会直接影响到广告的点击率。不过通过无数次A/B试验，我们发现不仅是点击率，还包括转化率，采用商品图片时均优于采用模特和艺人的图片。

当然，采用模特和艺人的图片有可能会吸引顾客的眼球，不过广告的目的还在于销售产品。

因为**采用模特和艺人的图片时，即便有消费者点击，他们大都不是对产品感兴趣，而是对模特和艺人感兴趣罢了，所以很少会有人购买产品。**

另外，尤其是女性对模特和艺人的好恶很明确。如果是不喜欢的模特或艺人出现在广告当中，她们就绝不会购买相应的产品。结果，

高点击率的图片

A 俊男美女或明星照片

B 产品图片

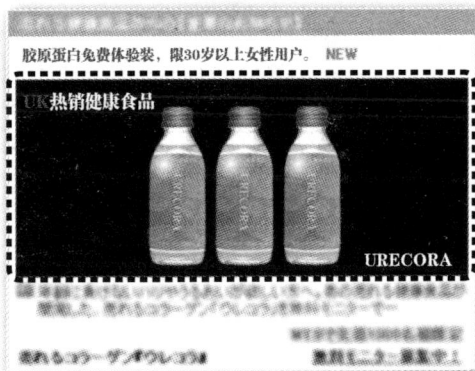

★ 购买按钮要用绿色的

明明产品很好，却由于模特和艺人的原因起了反作用。

　　许多公司请模特和艺人代言时，动辄花费几百万日元，甚至几千万日元。然而把这些模特和艺人的图片放在广告上，大都毫无用处。

　　顺便说一句，这些年由于社交媒体的发展，**利用智能手机拍的图片会给人一种亲近感，消费者常常会以为这些图片提供的是一条信息，而不是一则广告，因此比起专业摄影师拍的图片更有助于提高点击率**。尤其是黑色背景的图片，更有助于提高点击率。

广告创作技巧 4　静态广告比动态广告，更能提高点击率

设计广告文案时做到"静态，有内容"可大幅度提高展示广告的点击率。

几年前出现了"广告盲区（banner blindness）"这样一个行业术语。

在广告遍地的今天，互联网用户常常会本能地忽略掉页面中的横幅广告。我前面也一再重复，用户上网的目的是获取所需信息。因此，那些刻意宣传的展示广告当然容易被人忽略。可以说，越是那些一闪一闪、让人炫目的展示广告越容易被人忽略。

然而，很多网络销售企业并未注意到这一点，依然投放这些绚丽夺目的广告，活该被用户忽略！

那么，如何提高展示广告的点击率呢？很简单，采用静态广告，优化广告语。

展示广告应尽量接近投放门户网站的内容、风格。简单来说，就是让广告看起来有信息，有内容。

★ 购买按钮要用绿色的

　　如果这则静态广告，广告语明确，和投放门户网站的风格一致，用户自然不会忽略它，自然会映入消费者的眼帘。另外，就算你告诉自己这条静态的广告语（静态文字）就是广告，你也忽略不了它，因为在你忽略之前，它已经进入了你的视线。

　　当然，有些门户网站禁止你投放与其内容相似的广告，这一点需要注意。

　　不过，即便门户网站有这样那样的要求，我们也一定要采用静态广告，优化广告词。

高点击率的设计

A 动态炫目的设计

B 静态内容

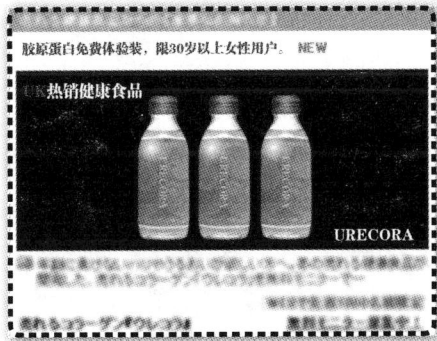

★ 购买按钮要用绿色的

与广告投放门户网站浑然一体的广告设计

第3章

这样设计引导页，转化率提升300%

★ 购买按钮要用绿色的

即便有很多人点击广告进入网站，但转化率如果还处在一个低水平的话，一切都毫无意义。

因为低转化率就意味着顾客虽然到了你的页面，但什么也没留下就走了。

据说，通常90%的客人点击广告、进入网站后，不到10秒便会离开网站。也就说，100个访问用户中有90个用户瞬间选择离去。那么，最后购买产品的人还不到1%，申请体验装（样品，试用品）的人也仅有3%。

即便是采用了"两步营销法"，转化率也仅有3%。不过，和点击率一样，正是因为转化率还处于低水平，才有着改善的余地。

提高转化率的关键就是"让顾客驻足"。

首先，我们要弄清用户点击广告后在网站的停留时间是否超过了8秒。为了提高转化率，我们要让点击进入的用户瞬间就意识到这个网站正是他所寻找的网站，牢牢地拴住顾客的心。

其次就是要有"一套完整的信息"接下来，我们要展示给点击广告的顾客包括商品信息、研发理念、顾客心声以及成交记录等在内的一整套信息。这套信息对于网站来说必不可缺。

当然，成功让顾客填写个人信息（购物信息）才是重中之重。只要我们充分了解顾客的心理，想方设法让顾客驻足，为顾客提供一套完整信息，转化率一定会有大幅度提升。

其实，了解了顾客的所思所想，将转化率从3%提高两三倍绝非难事。

切记！不可将顾客直接引至网站首页

投放网络广告时，切记不可将顾客直接引导至网站首页。

目前仍有许多公司利用广告将顾客直接引导至网站首页，但顾客明明是冲着某种商品才点击广告的，而这种做法却把顾客引导至了网站首页，为此顾客不得不从中再次寻找所需的物品。这种方式最为差劲，转化率几乎为零，还是弃之为妙。

稍好一点的公司会利用网络广告将客人引导至公司网站内的商品页面。当然，这比将客人引导至网站首页好多了，不过转化率依然不尽如人意。因为公司网站内的商品页面上，通常会罗列其他商品。可能有些人觉得"这样做，说不定顾客会顺便买些其他产品吧"。

然而，如果网络广告上展示的是产品A，那么99%的顾客都只会买A，绝不会买B和C。

搞不好的话，顾客很可能会离开你的网站，更加影响转化率。因为选项太多，更容易让人产生选择性障碍。

网站首页本来就是针对搜索引擎优化（SEO）和回头客设计的，

大多数采用的是目录形式。

　　而这些页面上只有商品名、商品图像、三两句介绍和加入购物车的按钮……哪个顾客会上去就买呢？

　　其实，不仅仅是其他产品的罗列，网站首页上的简介、总经理致辞、招聘信息、投资方信息等等对于消费者来说都毫无意义。比如在实体店，就没有哪个糊涂虫直接拿商品说明书当广告的吧！

★ 购买按钮要用绿色的

转化率最不理想

引导至销售网站的
首页

最差

LEO
洗发水的
广告

广告

还得寻找商品,十
分麻烦,因此大多
数人选择离开

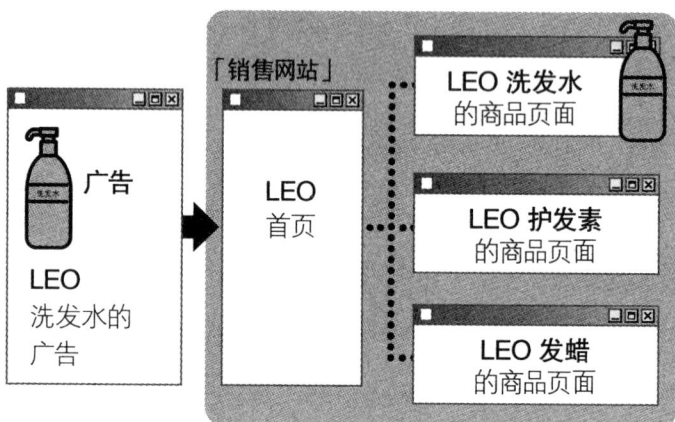

「销售网站」

LEO
首页

LEO 洗发水
的商品页面

LEO 护发素
的商品页面

LEO 发蜡
的商品页面

转化率不太理想

引导至销售网站的
商品页面

×

LEO
洗发水的
广告

广告

看着看着
就可能点到
别的商品页面上

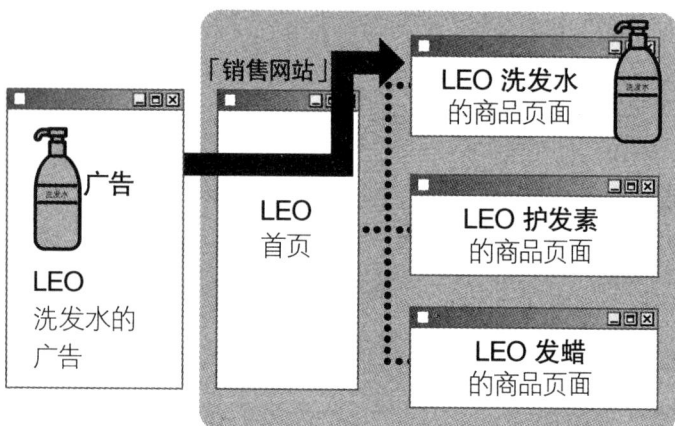

「销售网站」

LEO
首页

LEO 洗发水
的商品页面

LEO 护发素
的商品页面

LEO 发蜡
的商品页面

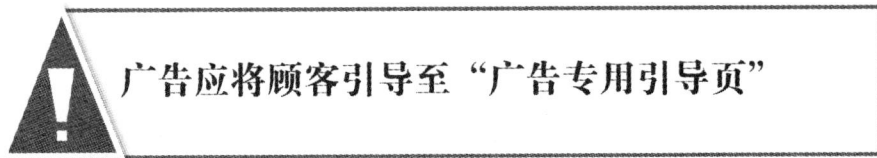

广告应将顾客引导至"广告专用引导页"

通过网络广告将顾客引向的页面不应为"网站首页"，而应为针对某一产品专门开设的"广告专用页"。

这是最基本的原则。

再强调一遍，通过网络广告将顾客引向的页面不应为"网站首页"，而应为针对某一产品专门开设的"广告专用页"。

例如，针对产品A投放的广告，它的"广告专用页"（链接到的页面），只应包含产品A的购买信息。

在这个"广告专用页"上不需要多余的选项，只需要针对某一产品提供最基本的信息即可。

它和"网站首页"不同，它需要瞬间的震撼力和感染力。它应该像一封营销信，极力说服顾客购买该产品。

当然，还有一点很重要，那就是设计该页面时不要让顾客轻易进入到其他商品的页面。

如果说"网站首页"是一个商品目录，那么"广告专用页"就应

★ 购买按钮要用绿色的

该是一张宣传单。只要你掌握好"广告专用引导页"的秘诀，网络广告的转化率就一定会有大幅度提升。

至于提升的程度，按照我以往的经验，采用"专用引导页"的广告转化率要比利用商品页面时高出1.9~3.2倍。

所以，从今天起我们就统一使用"引导页"吧!

转化率最为理想

引导至广告专用的引导页
（LP）

独立于销售网站之外
"广告专用引导页(LP)"

LEO
洗发水的"广告专用引导页(LP)"

该页面无额外链接，只包含广告上特定商品的信息

LEO
洗发水的
广告

通过该页你可以迅速找到自己所需的信息，因此转化率较为理想。

转化率最高的路径：从网络广告至引导页

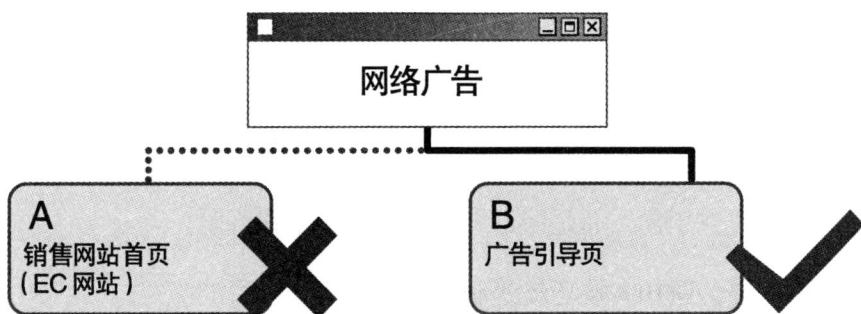

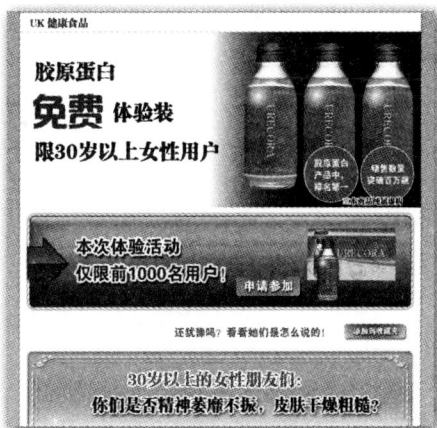

网络广告

A
销售网站首页
（EC 网站）

B
广告引导页

制作高转化率引导页的10大技巧

从业15年间，经我手的广告费用累积超过了200亿日元，通过几百次A/B试验，我终于找到了引导页的最佳形式，并总结出了提高引导页转化率的若干技巧。

在本章，我将为大家奉上提高引导页转化率的10大技巧。这10大技巧绝非凭空想象，而是经过了反复验证的宝贵经验。

可以说，这10大技巧就是制作高转化率引导页的捷径。

引导页技巧之 1 "广告语、图片、购买按钮"，一个都不能少

根据以往A/B试验的结果，转化率高的引导页上第一版面通常应包含"广告语、图片、购买按钮"这三大要素。

顾客点击网络广告后，在电脑或手机上显示的画面，即顾客第一眼看到的版面上应清楚地包含"广告语、图片、购买按钮"这三大要素。

最近有一些公司希望将引导页打造成一个原创酷炫的版面。

然而，通过几百次的A/B试验，我发现从报刊、海报时代起就作为直销三要素的"广告语""图片""购买按钮"，只要被清晰简洁地布置在顾客第一眼看到的版面上，转化率往往最高。

如下图所示，"广告语""图片""购买按钮"被清晰地设计在了第一版面上。

图片

广告语

UK 健康食品

胶原蛋白

免费 体验装

限30岁以上女性用户

URECORA

URECORA

URECORA

胶原蛋白
产品中，
排名第一

销售数量
突破百万瓶

※本章节涉及虚构剧情

本次体验活动
仅限前1000名用户！

申请参加

购买按钮

还犹豫吗？看看她们是怎么说的！

添加到收藏夹

30岁以上的女性朋友们：
你们是否精神萎靡不振，皮肤干燥粗糙？

引导页技巧之 2　发挥广告文案和引导页的联动作用

无论广告文案多么好，无论点击率多么高，如果引导页达不到要求恐怕也难以取得理想的效果。

因此，我们要充分发挥广告文案和引导页的联动作用。

根据以往A/B试验的结果，**如果引导页和横幅广告（展示广告）上使用了相同的广告语和图片，转化率往往较高。**

因为顾客点击进入引导页后，如果发现内容和广告中的大相径庭，他们会立马关掉页面。

道理很简单，可是很多公司广告上的内容却和引导页上的完全不同，不知道是因为制作横幅广告和引导页的公司不是同一家公司，还是根本就没考虑到这一点？这种做法只会让顾客心生厌烦。相反地，如果广告上的内容（广告语、图片）和引导页上的一致，顾客才愿意看下去。总而言之，千万不要利用广告点燃了顾客的热情，却在引导页又给顾客一盆冷水。

不光广告语和图片，广告正文如果也能够按照广告语进行适当调

★ 购买按钮要用绿色的

高转化率的广告设计与引导页的完美组合

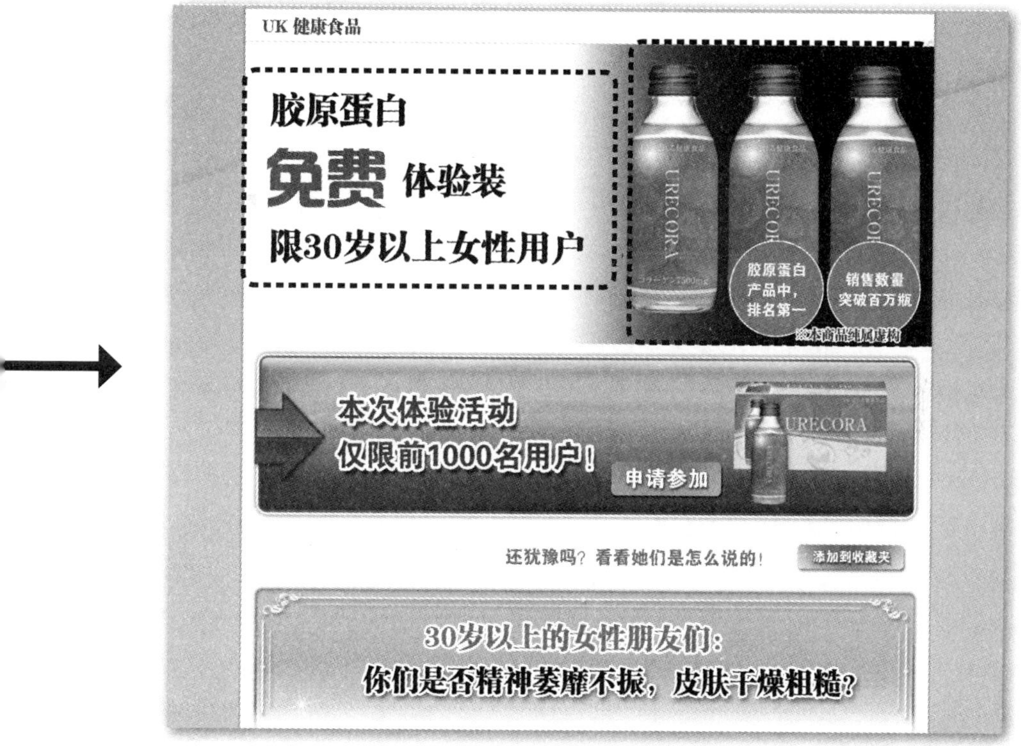
UK 健康食品
胶原蛋白
免费 体验装
限30岁以上女性用户
胶原蛋白产品中，排名第一
销售数量突破百万瓶
本次体验活动
仅限前1000名用户！
申请参加
还犹豫吗？看看她们是怎么说的！
添加到收藏夹
30岁以上的女性朋友们：
你们是否精神萎靡不振，皮肤干燥粗糙？

★ 购买按钮要用绿色的

整的话，效果更佳。

简单来说，如果横幅广告中包含多个广告语和图片的话，引导页面上也应该包含相应的广告语和图片，从而达到联动的效果。

引导页技巧之 3　将购买按钮设置为绿色，增加诱惑性的闪动

很多公司都忽略了购买按钮的重要性，然而顾客只有点击了这个图标，才走向了转化之路。

根据以往A/B试验的结果，将引导页上的购买按钮设置成绿色的话，转化率较高。

大多数公司都会认为红色比较醒目，便将购买按钮设置成了红色。的确，红色比较醒目，连我也一直这么认为。

然而，我们用"红色""黄色""绿色""蓝色""紫色"等各种颜色的图标，在网络销售行业进行了大量的A/B试验，结果发现，无一例外，绿色的效果最佳。

的确，红色最引人注目，不过购买按钮需要的是点击。

其实仔细一想，无论哪里的信号灯都一样，而且通行规则也是放之四海皆准：红灯停、绿灯行！而且根据Firefox在世界范围内进行的调查显示，"绿色图标"的点击率的确最高。如果在此基础上，让购买按钮闪动的话，转化率会进一步升高。

★ 购买按钮要用绿色的

高转化率购买按钮：绿色+诱惑性闪动

也就说，让购买按钮有一种自我展示的感觉。

具体来说，利用Flash让购买按钮诱惑性闪动起来的话，转化率一定会有所提高。而且，闪动越具有诱惑性，转化率就会越高。

如果当顾客的鼠标悬停在购买按钮的位置时（mouseover），会出现提示音或图标自动变大的话，转化率则会有进一步提升。

单单改变购买按钮的颜色和动作就可以改变顾客的回应程度，这也是直销的乐趣之一吧。

引导页技巧之 4 申请表上必须注明"体验装"

根据以往A/B试验的结果，引导页的申请表上如果注明"体验装"的字样，转化率较高。

例如，采用两步营销法时，每个公司对于提供商品的说法都不一样。有些公司用"样品"，有些公司用"试用品"，还有些公司用"试验品"，根据以往的试验，我们得到了如下排名：

采用"样品"时转化率最低，接着是"试验品"，再接下来是"试用品"。而采用"体验装"时，转化率最高。

其中，单是采用排名最高的"体验装"时，转化率就比采用排名最低的"样品"时高出2倍左右。

不仅如此，后续的成交率和重复购买率也提升了1.5倍。

估计本书的读者大都是从事市场营销的人士，因此我一说您就能明白。

因为一说"样品"，总会有一种廉价的感觉。不过说成"体验装"呢？特别是女性顾客，她们甚至会以"我是体验会员"为荣，因此后续的成交率和重复购买率自然就高！文字就是这么神奇！

单单改变一个名称就可以改变顾客的回应程度，这又是直销的乐趣之一吧。

高转化率引导页上的商品描述

引导页技巧之 5 在引导页上增设"添加到收藏夹"按钮

　　根据以往的A/B试验，如果在引导页上增设"添加到收藏夹"按钮，转化率会有所提高。

　　如果是采用两步营销法，提供免费体验装时，很多顾客立马就会申请（体验），但如果是购买产品，需要付款，他们通常不会当即付款，而且商品价格越高，他们越会去其他网站比较价格。

　　不过比较完之后就算想买我们的产品了，却常常会因为无法找到我们的页面而选择放弃。

　　因此，在引导页上增设"添加到收藏夹"按钮后，便可确保顾客顺利回到我们的页面，从而提高转化率。

勿必设置"添加到收藏夹"按钮

引导页技巧之 6　引导页上的标题要"有感染力"

一般来说，引导页就如同一封营销信。

"标题→正文／图片→标题→正文／图片→标题→正文／图片……"如此循环往复。

然而，**不得不承认大多数顾客只会读标题**。如果觉得标题有意思，才会接着读正文。因此标题的重要性可想而知。如果标题具有感染力，那么转化率自然会有所提高。

另外，图片的下方配以解说词，也可以提高顾客的回应率。

因为根据编辑人员的经验，**比起正文，读者对图片下方的解说词更感兴趣**。

30岁以上的女性朋友们：
你们是否精神萎靡不振，皮肤干燥粗糙?

你是否出现了以下症状：

☑ 起床后，发现镜子中的自己苍老憔悴。

☑ 经常加班，回到家后没有时间保养皮肤。

☑ 特别容易疲劳。

每个人都希望自己年轻美丽，
可多数人却败给了忙碌的生活。

如果我告诉你一个简单的方法，
你愿意尝试吗?

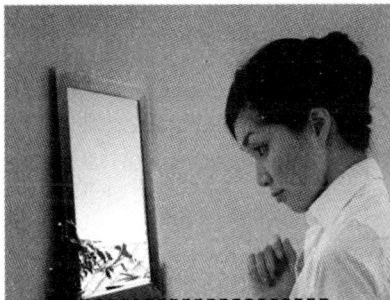

紧张的生活节奏，让皮肤加速老化

参加"胶原蛋白"的免费体验活动

在图片下面加入解说
词可提升广告效果

引导页技巧之 7 引导页上"有效信息"在前，"商品宣传"在后

引导页上，不应该一开始就大肆宣传自己的产品。通过广告而来的顾客首先需要的是相关信息，如果你直接兜售产品，估计没几秒钟人就得"跑掉"！

根据互联网这一特性，**秉承"让顾客在寻求信息的过程中购买产品"的理念进行设计才是提高转化率的王道。**

"①先提供相关信息，让顾客着急→②再抛出商品，作为解决方案"正是网销行业长久以来提高转化率的不二方法。

因为顾客通过网络寻求的正是"有意思的信息""解决烦恼的信息"和"满足欲望的信息"。

对于这些顾客，你将自己的商品作为解决烦恼、满足欲望的良方提供给他们，他们自然会购买，转化率自然就会有所提升。

换句话说，在顾客寻求信息的途中直击下怀，对于提高转化率最具效果。设计引导页时，如果让顾客读着读着就有购买的欲望了，那么转化率必然升高。

为"不安情绪"提供"解决对策"

30岁以上的女性朋友们：
你们是否精神萎靡不振，皮肤干燥粗糙？

你是否出现了以下症状：

☑ 起床后，发现镜子中的自己苍老憔悴。

☑ 经常加班，回到家后没有时间保养皮肤。

☑ 特别容易疲劳。

每个人都希望自己年轻美丽，
可多数人却败给了忙碌的生活。

如果我告诉你一个简单的方法，
你愿意尝试吗？

紧张的生活节奏，让皮肤加速老化。

➤ 参加"胶原蛋白"的免费体验活动

067

引导页技巧之 8　少用文字，尽量用图像表达

　　引导页上应避免文字赘述，尽量采用图像加以阐释。引导页是顾客因广告的诱导而进入的界面，因此和搜索（SEO）关系不大。通俗易懂才是关键。

　　如今，没有哪个顾客会一字一句地读你的内容。与其说"读"，还不如说"看"。

　　当然，需要强调的文字和段落，我们采用红色字体和黄色背景即可。

　　极端点说，我们必须保证顾客看到我的标题、图片下的解说和黄色背景下的红色字体就可以大致了解。

瞬间传达给顾客的"文字类型"

美丽的秘密

原来竟是它——"胶原蛋白"

人体的成分中约20%为蛋白质，
而蛋白质中约1/3为胶原蛋白。

不过，人过了30岁，随着年龄增长，
胶原蛋白会不断流失……

因此，想要保持年轻美丽，
每天摄取一定量的胶原蛋白必不可少。

随着年龄增长，
胶原蛋白
不断流失

100
(%)
80
60
40
20
0

100
75
50
30

减少
约25%
减少
约50%
减少
约70%

20岁　40岁　60岁　80岁

年龄增长，胶原蛋白不断流失

069

引导页技巧之 9 展示顾客评论时一定要用手写体

在引导页上应加入"顾客评论"一栏。因为有了其他顾客的使用评论，新顾客在购买时便会有一种安心感。

大家都在用的东西往往更受欢迎。自己对产品再多的夸赞，可能还不如顾客的三两句评论。

不过不得不承认，在这个行业里"发表评论"的顾客很多是托儿。

如果你的"顾客评论"即没有顾客的真实姓名，又没有采用手写体，怎么看都像是假的。因此在"顾客评论"中务必要加入"图片、姓名、年龄和住址"，如果能用手写体再好不过。只有具备以上基本要素，顾客才会"信以为真"。

顾客评论一定要用手写体，
且图片、姓名、年龄、地址缺一不可！

★ ★ ★ ★ ★

我原以为，无论哪个品牌的胶原蛋白，应该都差不多吧。
不过，自从我使用了"UREKORA"家的产品，我才明白
我错了。

它们家的产品，
就像零食一样，服用起来超简便，
可是还不到一个月，我的皮肤就已经变得水水嫩嫩了！

福冈县龟谷圣子
*效果因人而异

32岁

★ ★ ★ ★ ★

从前服用的胶原蛋白有股怪味儿，实在难从下咽。
不过"UREKORA"家的产品，
有股淡淡的花香，让人身心放松。
现在的我，每天最期待的事情就是照照镜子，
看看自己美丽的蜕变。

071

引导页技巧之 10 设置"提醒栏",催促顾客立刻购买

顾客在哪个节点最容易离开引导页呢?不错,正是填写申请表格前。

因此,在顾客填写申请表格前,再增设一个"提醒栏",推顾客一把,转化率自然会有所提高。

注意一点,"提醒栏"的内容必须得起到推顾客一把的作用。

具体来说,就是要"唤起顾客的购买欲望""表明紧急性和数量的有限性""强调申请特权和品质保证"。

有时增设的"提醒栏"上也会出现希望顾客留意的其他事项等内容。

最后强调一遍,这里为您奉送的10大技巧,绝不是无根无据的!全部都是通过试验得到的可靠技巧。使用这10大技巧,您的转化率一定会有所提高,不妨试试吧!

最后加一句，助力填表格！

⚠

URERU健康食品，精选地道食材。

本次免费体验活动仅限前1000名顾客。

先到先得，送完即止。

⬇ **"UREKORA"胶原蛋白免费体验活动确认表** ⬇

重申：本次免费体验活动仅限前1000名顾客。

机会难得，请莫失良机。

客户信息

地址以及联系方式

姓名	必填	姓：李	名：欣爱	（例）
汉语拼音	必填	姓：Li	名：Xinai	（例）Shantian
邮政编码	必填	814 - 003 （例）012-3456		

必填项目共计12项，
目前您还有5项尚未完成

> **！** **将申请表集于一页（引导页），减少点击和跳转的次数**

当前，90%的购物网站在制作网络广告的引导页面时，都会犯一个严重的错误。

虽然它们也有引导页，可是点击"购买按钮"后却直接跳转至购物车。大概很多公司在想："我网站上既然设置了购物车系统，闲着也是浪费！"

不过，我明确地告诉你：

购物车和引导页不应搭配在一起。绝对不能！

为什么不能呢？据统计，在使用购物车时，从引导页到申请完毕页面要跳转8次。也就说，顾客好不容易对引导页上的商品有了兴趣，可是要完成申请却需要跳转8次。

这意味着什么呢？

顾客对商品的兴趣，会因为繁琐的步骤而消失殆尽。在页面跳转的过程中，顾客的耐心就像木桶漏水一样，越漏越多，到最后所剩无几。

这种现象称为"漏网"，那么如何才能改善这种"漏网"现象呢？

其实答案很简单。只要减少从引导页到产品购买完成的跳转次数。不采用从引导页向购物车系统跳转的模式，而是将申请表集中在引导页上即可。

具体来说，就是在引导页上设置申请区，顾客填写好后跳出"申请信息确认"和"申请信息完成"的页面即可。

采用这种简单的设置时，页面跳转3次就可以完成申请（购买）过程，引导页的转化率自然会有大幅度的提升。

简单来说，只要你将原来的购物车系统改为申请表集于引导页的模式，将原来的8次跳转改为3次跳转，那么你的引导页就一定会取得惊人的效果。

按照我的经验，采用申请页面集于引导页的模式，转化率会提升1.5~2.5倍。而在网络销售领域里取得成功的绝大部分公司都采用了这种模式。

★ 购买按钮要用绿色的

从引导页到购物车的错误案例

引导页

商品信息页面

购买完成页面

购买确认页面

购物车页面

会员登录页面

选择支付方式页面

收货信息页面

★ 购买按钮要用绿色的

将购买申请表格设置在引导页

引导页

确认购买页面

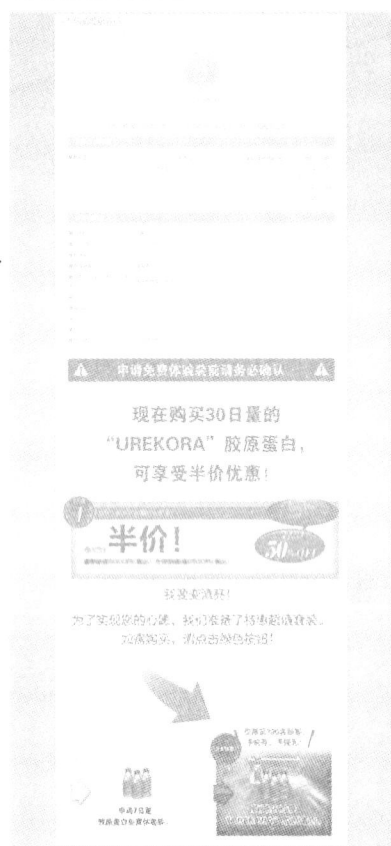

购买完成页面

成功的电商企业均将购买申请表格设置在引导页

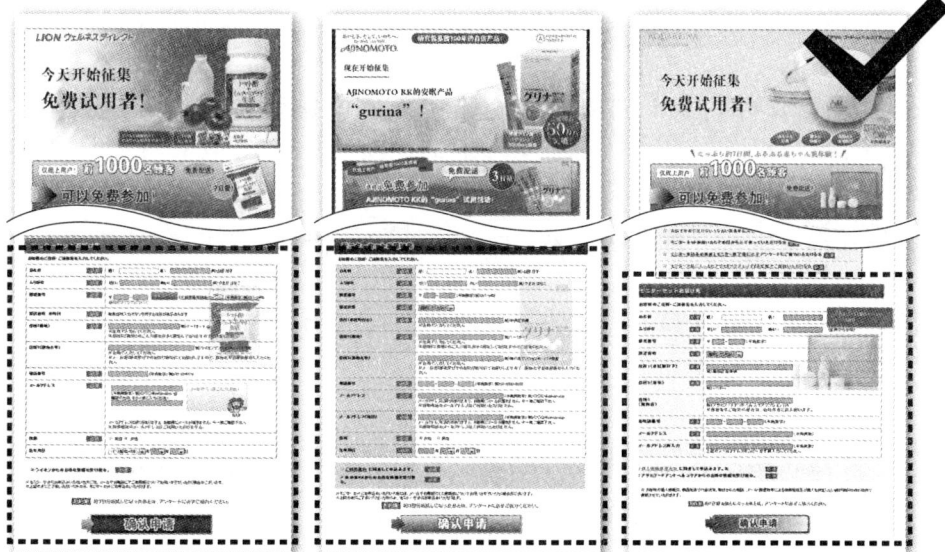

在申请表格前增设"调查问卷"，精选出优质潜在顾客

采用联盟广告时，如果在填写申请表提前增设一个"调查问卷"，就可以精选出优质的潜在顾客，从而提高成交率。

联盟广告就是当顾客点击进入引导页后申请了体验装、索要了商品资料、或者购买了商品时，广告主才向网站支付费用的回报型广告。

从成本角度，即CPA来看，联盟广告可以说是所有广告中最好的媒体。而从实际来看，几乎所有购物网站都采用了这类广告。

不过，虽然联盟广告最为理想，它也有相应的弊端。这是因为联盟广告的媒体基本都是"积分形式的媒体"。

也就是说，顾客在申请产品的时候，媒体会赠予他若干积分，而很多顾客申请正是为了获取积分才点击的。特别是申请"免费体验装"等低价产品时，顾客主要就是冲着积分才申请的。在这种情况下，即便推出免费体验装，实行两步营销法，商品的成交率也可能相

利用"调查问卷"精选出优质潜在顾客

"UREKORA"胶原蛋白免费体验活动确认表

重申：本次免费体验活动仅限前1000名顾客。
机会难得，请莫失良机。

请在以下的选项前打钩

☐ 女性用户且年龄大于30岁　必填

☐ 关注皮肤老化问题　必填

☐ 取得效果后会继续服用本产品　必填

请描述您遇到的问题

至少200字　必填

还需填写200字

客户信息

当低。例如，经联盟广告引导来的潜在顾客，他们的成交率还不到雅虎广告的一半。然而推出免费或低价体验装时，不仅样品需要成本，送货也需要成本。

钱要花在刀刃上，因此我们至少要保证参加体验活动的顾客应对该产品真正抱有兴趣。

在此，我向采用两步营销法、联盟广告的业主们提供一个方法，它就是"调查问卷法"。

采用两步营销法、联盟广告的业主们，切记不能让顾客随意申请。

为了提高成交率，你必须让顾客在一定程度上有所承诺。也就是说，为了减少以赚取积分为目的的申请，我们应该在申请之前增设"信息确认表"或"问卷调查表"。

通过加设申请体验装的条件，精选出优质的潜在顾客。换句话来说，就是设定门槛，甚至可以说是故意赶一些人走。

具体讲，就是在填写申请表格前增设以下条件。包括区分年龄层和性别，例如"30岁以上的女性"；确认顾客的兴趣度，例如"关注肌肤老化的顾客"；给顾客施压促使其购买本商品，例如"如果对体验装满意，会继续使用本品的顾客"等等。

如果设定了上述的申请条件，只为符合条件的顾客奉送体验装，这样就可以获得更为优质的潜在顾客了。

因为联盟广告属于回报型媒体，因此CPA固定不变。既然CPA不变，潜在顾客越优质我们从中获得的利润当然也就越高。

不过注意一点，这个利用"调查问卷"设定门槛的方法只适用于回报型媒体的联盟广告。如果用在纯广告上，可能会导致转化率和CPA降低。

从8个方面，优化申请表

顾客因何会离开页面？填写申请表时过于繁琐和反复出错恐怕就是最大的元凶。

就连擅长盲打的我都这么想，恐怕一般的顾客更会这么认为吧。

因此为了提高转化率，应尽量减少输入的项目和时间，降低由于输入错误而导致无法提交申请的状况发生。

简单来说，如果填写申请表格时使用了具有辅助功能、确保输入简便的软件，转化率自然会有所提高。

接下来，我将为您介绍"优化申请表(EFO, Entry Form Optimization)"的8大技巧。这些技巧都来自于A/B试验的结果，绝对实用。

经过优化的申请表格最佳

客户信息			
地址以及联系方式			

必填项目共计12项，目前您还有10项尚未完成

姓名	必填	姓： 名： （例）山田	
汉语拼音	必填	姓： 名： （例）Shantian	
邮政编码	必填	－ （例）012-3456	
都道府县	必填	请选择 ✔	
地址1	必填	（例）○○市○○区○○村1-1	
地址2		（例）○○市○○区○○村1-1	
电话号码	必填	－ － （半角）（例）03-0000-0000	
邮箱	必填	（英文半角）（例）ooo@yahoo.co.jp 如果您填写的邮箱有误，将无法收到邮件，请再次确认。	
邮箱（确认）	必填	（英文半角）（例）ooo@yahoo.co.jp 如果您填写的邮箱有误，将无法收到邮件，请再次确认。	
性别	必填	● 女性 ○ 男性	
生日	必填	年 － ✔ 月 － ✔ 日 （半角数字）	

☐ 同意关于个人信息的相关规定 必填

☑ 同意接收URERU健康食品的促销信息 必填

必填项目全部填写完毕后，
确认按钮会自动跳出。
若未跳出，请点击此处。

085

★ 购买按钮要用绿色的

输入栏大方、易看

网站输入栏和字号应该稍大，便于顾客输入和阅读。

还有一点比较重要，就是尚未输入的栏目一定要用灰色表示。

（一旦输入后随即变成白色）

这样，需要输入的项目看起来较少，转化率自然会有所提高。

姓名	必填	姓: ▢ 名: ▢ （例）山田	必填项目共计12项，目前您还有10项尚未完成
汉语拼音	必填	姓: ▢ 名: ▢ （例）Shantian	
邮政编码	必填	▢ - ▢ （例）012-3456	

未填写的表格用灰色表示

086

申请表优化技巧之 2 标明必须填写的项目数和尚未完成的项目数

如果顾客遗漏了必填项目，申请表则无法提交，顾客很可能会因此离开本页面。

因此，必填项目必须醒目，例如用白色字体标明"必须"二字，让顾客一目了然。

另外，如果尚未填写的项目数量一目了然，顾客便知道还差几步即可完成，这样比较有盼头，进而提高转化率。

姓名	必填	姓: _____ 名: _____ （例）
汉语拼音	必填	姓: _____ 名: _____ （例）Shantian
邮政编码	必填	__ － _____ （例）012-3456

必填项目共计12项，目前您还有10项尚未完成

彩底白字，引人注目

未填写的项目数

申请表优化技巧之 3

输入邮政编码时，地址自动录入

目前，很多网站既让顾客输入邮政编码，又让顾客选择省份，还让顾客输入住址，相当繁琐。

因此，如果顾客填好7位数的邮编编码后，下方的省份和住址可以自动输入，对于顾客来说就节省了大量时间，转化率自然会有所提高。

对于哪些不善于打字、不习惯使用智能手机的人来说，这项功能也会显得很贴心。

申请表优
化技巧之
4

全角、半角自动切换

对于许多顾客来说，很难区分英文的全角和半角。

如果顾客没有意识到这个问题，很可能导致申请无法提交。

因此，我们应该增设全角、半角自动切换的功能。当顾客输入电
话号码、邮箱地址等带有英文字母的项目时，自动切换成半角，进而
提高转化率。

地址2		901室	（例）〇〇市〇〇区〇〇村1-1
电话号码	必填	092 - 834 - 5520 （半角）	**全角、半角自动切换**（例）03-0000-0000
邮箱	必填	info@ureru.co.jp （英文半角）	（例）ooo@yahoo.co.jp

如果您填写的邮箱有误，将无法收到邮件，请再次确认。

089

申请表优化技巧之 5 ┃ 输入有误时立即提示

顾客在填写申请表环节离开页面的第二大理由就是填写有误，无法提交。

如果老是无法提交，顾客自然会离开。

然而许多申请页面都是等顾客全部填好了，点击提交后才跳出"十分抱歉，您填写的内容有误，请检查！"的提示，其实最好是顾客填完该项，如果有问题立刻就有所提示。

因此，如果顾客在填写申请时能及时跳出提示，告知顾客输入有误的话，转化率便会有所提高。

总而言之，别等顾客填写完再提示他有误，一定要在他输入有误时立刻提示。

及时的错误提示可提高转化率

邮箱	必填	info@ureru.co.jp	（英文半角）〔例〕ooo@yahoo.co.jp
		如果您填写的邮箱有误，将无法收到邮件，请再次确认。	
邮箱（确认）	必填	aaaa@ureru.co.jp	（英文半角）〔例〕ooo@yahoo.co.jp
		如果您填写的邮箱有误，将无法收到邮件，请再次确认。	
性别	必填	请正确填写出生年月日 🗵	
生日	必須	年 8 ⌄ 月 8 ⌄ 日（半角数字）	

申请表优化技巧之6

必填项目全部正确输入后，提交按钮才显示出来

我再强调一遍，顾客最讨厌的就是"输入有误"！

特别是全部输入后提交时，如果再跳出"输入有误"，大部分顾客都会选择离去。其实忘记输入"必填项"是导致"输入有误"的元凶。

因此，在顾客没有填写好全部的必填项目时，不显示提交按钮，只有填写好全部的必填项目时，才显示提交按钮，也不失为一个好的解决办法。

再加上刚刚为您介绍的实时提示错误信息的功能，就可以在提交申请时最大程度上避免"输入有误"的发生，从而提高转化率。

★ 购买按钮要用绿色的

电话号码	必填	▢ - ▢ - ▢ （半角）（例）03-0000-0000
邮箱	必填	▢ （英文半角）（例）ooo@yahoo.co.jp 如果您填写的邮箱有误，将无法收到邮件，请再次确认。
邮箱（确认）	必填	▢ （英文半角）（例）ooo@yahoo.co.jp 如果您填写的邮箱有误，将无法收到邮件，请再次确认。
性别	必填	◉女性 ○男性
生日	必填	▢ 年 ▾ 月 ▾ 日（半角数字）

☐ 同意关于个人信息的相关规定 必填
☑ 同意接收URERU健康食品的促销信息 必填

必填项目全部填写完毕后，
确认按钮会自动跳出。
若未跳出，请点击此处。

电话号码	必填	092 - 834 - 5520 （半角）（例）03-0000-0000
邮箱	必填	info@ureru.co.jp （英文半角）（例）ooo@yahoo.co.jp 如果您填写的邮箱有误，将无法收到邮件，请再次确认。
邮箱（确认）	必填	info@ureru.co.jp （英文半角）（例）ooo@yahoo.co.jp 如果您填写的邮箱有误，将无法收到邮件，请再次确认。
性别	必填	◉女性 ○男性
生日	必填	1975 年 8 ▾ 月 8 ▾ 日（半角数字）

☑ 同意关于个人信息的相关规定 必填
☑ 同意接收URERU健康食品的促销信息 必填

必填项目填好后

➡ 确认

申请表优化技巧之 7　用浅色的产品图像做申请表的背景

即便对于打字很快的人来说，填写申请表也是一件很麻烦的事情。如果能适时地给他些动力，便可以促使他填完整张表格。

我们应该怎么办呢？其实有一个很细节上的技巧，那就是用浅色的产品图像做申请表格的背景。

这样的背景会给顾客一种暗示，好像在告诉他只要你填完这张申请，商品就到手了哦。这样顾客自然会比较有动力，从而提高转化率。

★ 购买按钮要用绿色的

客户信息			

地址以及联系方式

必填项目共计12项，目前您还有10项尚未完成

姓名	必填	姓： 名： （例）山田
汉语拼音	必填	姓： 名： （例）Shantian
邮政编码	必填	－ （例）012-3456
都道府县	必填	请选择 ☑
地址1	必填	（例）○○市○○区○○村1-1
地址2		（例）○○市○○区○○村1-1
电话号码	必填	－ － （半角）（例）03-0000-0000
邮箱	必填	（英文半角）（例）ooo@yahoo.co.jp 如果您填写的邮箱有误，将无法收到邮件，请再次确认。
邮箱（确认）	必填	（英文半角）（例）ooo@yahoo.co.jp 如果您填写的邮箱有误，将无法收到邮件，请再次确认。
性别	必填	◉女性 ○男性
生日	必填	年 － ☑ 月 － ☑ 日（半角数字）

☐ 同意关于个人信息的相关规定 必填

☑ 同意接收URERU健康食品的促销信息 必填

**必填项目全部填写完毕后，
确认按钮会自动跳出。
若未跳出，请点击此处。**

094

申请表优化技巧之 8

顾客必须同意接收邮件或电子杂志

最后，我想教给大家的是关系到后续跟踪营销的技巧，此类内容常常被商家所忽略。

为了避免法律上的纠纷，许多公司都会在注册栏下方设置2个协议。一个是关于用户隐私的协议，另一个是同意接收邮件（电子杂志）的协议。所有公司都会要求顾客必须接受用户隐私协议，然而对于是否接收邮件（电子杂志）却采取了放任的态度。结果呢， 60%的顾客都不会在该选项打勾，即60%的顾客都不会接收邮件和电子杂志。

这将导致的后果就是，可以后续进行跟踪营销的顾客就少了一多半。不客气地说，这在网销行业就等于自杀行为。

网购和直销的本质，就是以顾客的注册为开端，长期保有该顾客（顾客的购买行为）。

因此，对是否接收邮件（电子杂志）采取了放任态度，就等于自毁销路，白白放走了60%的潜在回头客。自然，后续的成交率、重复

★ 购买按钮要用绿色的

购买率都难以提高。

因此，必须让顾客同意接收邮件（电子杂志）。说白了，如果顾客不在同意接收邮件（电子杂志）的选项里打勾，就无法进行注册。

通过以上的设置，可以进行跟踪营销的对象一下子就从40%提升至100%，后续的成交率、重复购买率也自然会一路飙升。

性别	必填	⦿女性 ○男性
生日	必填	1975 年 8 ▾ 月 8 ▾ 日（半角数字）

☑ 同意关于个人信息的相关规定 必填
☑ 同意接收URERU健康食品的促销信息 必填

确认

第**4**章

在"购买确认页"高效开展向上销售

★ 购买按钮要用绿色的

接下来，我将为您介绍商家取得成功的另一秘诀。

可以说，许多大商家都是运用"向上销售"（up sell：为顾客提供更高价值的产品或服务，刺激顾客做更多的消费）的高手。

首先吸引到大量顾客，接下来促使其重复、交叉购买，进而提高顾客的顾客终身价值（LTV），这便是网销行业取得成功的不二法则。

本章我将为您介绍提高"向上销售"的有效方法。

这也是我最为推荐的技巧。

简单来说，就是利用引导页的确认画面，有效提高"向上销售"的方法。

顺便插一句，我所有的顾客都利用这一方法取得了巨大的成功。

顾客付款时，正是最佳的向上销售时机

如果有顾客通过线下广告（报纸、传单、专题广告等非网络广告）打电话向您（客服中心）咨询，如果对方是申请免费体验套装的顾客，就一定要追问一句"您是否考虑买一套产品？"如果对方是单次购买产品的顾客，您就一定要补充"我推荐您定期配送服务，这样可以免去您每次来电的辛苦"，如果顾客打来电话购买A产品时，您就顺便也推荐一下B产品。

例如，去麦当劳买汉堡时，服务人员都会问你需不需要薯条？结果呢，很多人毫不犹豫就买了。其实这是因为顾客在付款时，最容易接受别人的推销。网销行业的客服人员正是抓住了人的这种心理，才获得了巨大的利益。

为什么网络中难以实现向上销售

不过，与线下广告相比，利用网络似乎很难实现向上销售。

多数人认为，通过网页顾客只能按部就班地进行申请、购买，因为没有客服人员灵机应变的解答和推荐，所以很难实现向上销售。

实则不然。

网络中难以实现向上销售的观点完全是错误的。大部分商家都希望在引导页中实现向上销售，其实这正是错误的根源。

网络广告中明明标注的是"免费体验套装"，然而许多商家抱着"能赚一把是一把"的心态，在申请"免费体验套装"的下面又增设了一个"购买本产品"的按钮。更有甚者还同时增设了"定期购买本产品""同时购买B产品"等按钮。这必败无疑。

因为顾客通过网络广告来到引导页，他们还没想好是否要申请（体验装），你又给他们增添了多个选项，转化率自然会低。

前面我已经说过，通过网络广告来到引导页的新顾客是不会申请额外产品的。比如，你网络广告上登载的是"产品A的体验套装"，那么99%的顾客只会申请"A套装"。

所以，你给这些顾客多个选项不仅没有意义，反而让顾客不知所措，结果很多顾客哪个也不选便离开了页面，转化率自然就变低了。

即便有些顾客不离开，他们通常也会选择门槛低的选项。因此，99%的顾客都会选择"免费体验套装"。其实，在这个环节进行向上销售还为时过早。

★ 购买按钮要用绿色的

切勿在引导页中进行向上销售

要实现向上销售，请抓牢 "购买确认页面"

如果不在引导页，那应该在哪个环节进行向上销售呢？经反复试验，我们发现顾客填完最麻烦的申请表时是进行向上销售的绝佳时机——即购买确认页面。

正如之前所述，往往购物车系统从引导页到填写完毕需要跳转8次，就像漏水的木桶一样，在页面跳转的过程中顾客也会逐渐流失，很少有人能够坚持到最后。

然而，不怕繁琐坚持到 "购买确认页面" 的顾客，只需再点击一次就可玩完成申请时，99%的顾客都不会拒绝这次点击。

★ 购买按钮要用绿色的

未能利用好"购买确认页面"的案例

引导页

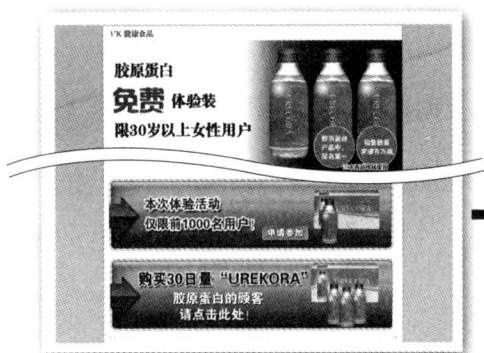

商品信息页面

购买完成页面

购买确认页面

购物车页面

会员登录页面

选择支付方式页面

收货信息页面

105

⚠ 在"购买确认页面"实现向上销售的必杀技

再强调一遍，此时是一个绝佳的盈利机会。

因为再有一步就可以完成申请了。把握好这个机会就一定可以实现向上销售。

前文中我们讲过，不要将引导页和购物车链接在一起，而要把引导页和申请表链接在一起。这样的设计简洁，购买确认页面和完成页面连贯。

在"购买确认页面"，不光要让客人确认内容，还要不失时机地进行向上销售。

具体如下：

如果对方是申请免费体验套装的顾客，您就可以在该页面上加一句"您是否考虑购买一套产品呢？"

如果对方是单次购买产品的顾客，您就可以加一句"我们推出了定期的配送服务，欢迎使用！"如果对方只申请了A产品，您就可以加一句"不体验一下我们的B产品吗？"

在"购买确认页面"进行向上销售

引导页

购买确认页面

现在购买30日量的
"UREKORA"胶原蛋白,
可享受半价优惠!

半价!

我要变漂亮!

为了实现您的心愿,我们准备了特惠超值套装。
如需购买,请点击绿色按钮!

购买完成页

107

★ 购买按钮要用绿色的

顾客点击右侧图标，商家实现"向上销售"

我要变漂亮！

为了实现您的心愿，我们准备了特惠超值套装。
如需购买，请点击绿色按钮！

3大特惠！

仅限前300名顾客！
手快有，手慢无！

UREKORA

申请7日量
胶原蛋白免费体验装♂

购买30日量
"UREKORA"胶原蛋白。

具体来说，就是要在顾客确认申请内容前，将顾客的目光吸引至我们向上销售的按键上。

例如：左侧为"申请7日量免费体验套装"（在广告引导页想要申请的商品）的按键，右侧为"申请30日量商品"（比原产品价值更高的商品）的按键。（见左侧页）

如果顾客按了左侧的按钮，就直接跳转到了"申请完成页面"。（获得了原本在引导页想申请的产品）

如果顾客按了右侧的按钮，就进入到了商品的结算页面，之后再跳转至"申请完成页面"。（实现了向上销售）

说也奇怪，采用这种方法后，很多顾客都会点击右侧的按钮。

> **!** **为什么在确认页面进行向上销售时，更有效果呢？**

为什么在确认页面进行向上销售时，更有效果呢？

其实正是因为我们抓住了顾客的心理。

那些顾客既然决定申请该产品，不厌其烦地填写表格，眼看到最后一步了，当然不会因为我们增设了一个向上销售的按钮而离开页面。

营销离不开心理学。

从实际结果来看，在"确认画面进行向上销售"时，有超过20%的顾客从申请"免费体验装"到"购买本产品"（实现了向上销售），有超过40%的顾客从申请"500日元超值体验装"到"购买本产品"（实现了向上销售），有超过60%的顾客从"单独购买A产品"到"购买A+B产品"（实现了交叉销售），有超过80%的顾客从"单次购买"到"定期购买"（实现了定期销售）。

在网络销售行业利用两步营销的情况下，如果原本申请"免费体验装"的顾客中有5%可以转化为购买"商品"的顾客就算很成功了！更何况我们还没进入邮件营销的环节呢！各位，您不觉得上述的数值就是一个奇迹吗？

再强调一遍，"在确认画面中进行向上销售"是我首推的技巧。

通过改善网络广告的"成交率""订单成本（CPO）""客单价""年度购买次数""顾客终身价值（LTV）""年度广告的成本收益率（ROAS）"等方面，一定可以提高销售业绩，获得巨大的利润。请各位务必一试。

★ 购买按钮要用绿色的

提高向上销售成功率的实例

实例①

从免费体验装
到产品的向上销售

广告
引导页 ➡ 申请确认页面
（向上销售）

免费
体验装 ➡ 产品

向上销售率（＝成交率）

3%~24%！ ✔

实例②

从 500 日元特惠体验装
到产品的向上销售

广告
引导页 ➡ 申请确认页面
（向上销售）

500 日元
特惠体验装 ➡ 本商品

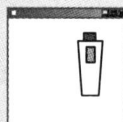

向上销售率（＝成交率）

7%~48%！ ✔

实例③

在商品 A 的基础上
实现商品 B 的向上销售

广告
引导页 ➡ 申请确认页面
（向上销售）

商品 A ➡ 商品
A+B

向上销售率（＝成交率）

22%~61%！ ✔

实例④

从单次购买
到定期购买的向上销售

广告
引导页 ➡ 申请确认页面
（向上销售）

单次购买 ➡ 定期购买

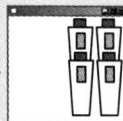

向上销售率（＝成交率）

40%~83%！ ✔

第**5**章

"购买完成页"一定要有转发按钮

在引导页设置"点赞"按钮毫无用处

几乎所有的购物网站都希望利用facebook、twitter、blog等社交媒体来扩大自己的产品宣传，因为这样可以省去一大笔广告费用。

因此，各大公司纷纷在商品主页和引导页上设置"点赞"和"分享"按钮，希望借助顾客的口碑提高产品的销量。

的确，很多公司都采用这种方法，可实际上却收效甚微。

因为即便在一定范围内传播开来，其实也只不过是公司的内部员工间，或广告单位、制作公司的小圈子。

当然如果是新闻快报、八卦消息、iPhone/iPad等明星产品，的确会通过人们的口口相传，瞬间家喻户晓。不过普普通通的商品，尤其是自己都懒得买的产品，谁会没事闲的帮你转发呢？

所以，在引导页上设置"点赞"和"分享"键，毫无用处。

那么如何让顾客帮你宣传呢？关键要把握好时机，控制好内容。简单来说，就是要抓住顾客想转发的时机，提供给顾客有用的信息。

114

切勿在引导页上设置"点赞"按钮

顾客在什么情况下才愿意转发商品信息

请仔细想一下，在现实的世界中，你什么时候更愿意把某某商品推荐给朋友呢？

我相信大多数人的答案都是购买了某产品之后，而不是之前吧？

特别是女性，她在购买了某产品之后，特别希望得到别人的肯定。换句话说，就说让朋友赞一下自己的眼光。

因此，想要提高顾客的口碑效果，我们必须抓住这个时机，在顾客购买后追加一句"不妨推荐给您的好友吧！"

再强调一遍。

想要提高顾客的口碑效果，我们应该在顾客购买后追加一句，"不妨推荐给您的好友吧！"

未能利用好"购买完成页面"的案例

收货信息页面

选择支付方式页面

购买确认页面

购买完成页面

感谢您购买本产品！

引导页

商品信息页面

购物车页面

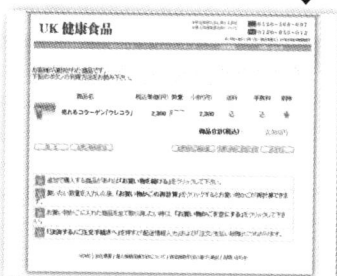

会员登录页面

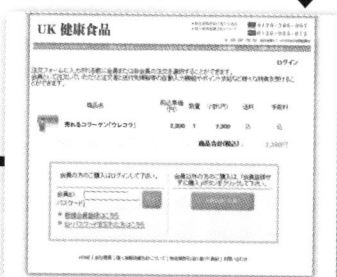

117

要积累口碑，请抓牢"购买完成页面"

前面我们已经说过，提高顾客口碑宣传效果的最佳时机是顾客购买好商品之后，也就是"购买完成页面"。

一般情况下，大多数网络销售公司都把"购买完成页面"作为致谢页面，因此只标注一句"感谢您购买该商品！"不客气地说，这就是一种资源浪费，因为这个页面没带来任何经济价值。

不过，如果能有效利用该页面，让顾客帮你宣传，那么口碑宣传的效果一定会大大提升。

如何巧用"购买完成页面"推动顾客转发

我们在前文讲过,不要在引导页将顾客直接引导至购物车系统,而要在该页面设置好申请表格。

在接下来的"购买确认页面"加设"向上销售"的按钮,之后便进入"申请完成页面"。

在"申请完成页面",我们不要简单"致谢",而要充分利用这个页面让顾客帮忙宣传。

例如,我们可以加设这样一句话"感谢您申请本产品,希望您推荐给朋友,快来领取我们的免费套装吧!"

接下来,我们可以设置若干选项让顾客进行选择,比如"通过邮件告诉朋友!""通过社交媒体分享给朋友!""通过博客分享给朋友!"……

通过在致谢页面加设的一句话,顾客只需点击一下便可以通过邮件或社交媒体分享给好友了。是的,这样简单的步骤却能大大提高口碑宣传的效果。

★ 购买按钮要用绿色的

充分利用"购买完成页面"的案例

引导页

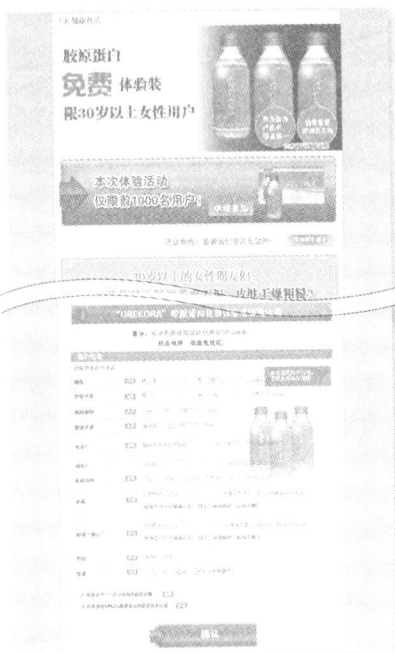

购买确认页面

购买完成页面

因为，因朋友介绍而来的顾客，也会推荐给他的好友，如此一来便形成了连锁效应。一传俩，俩传仨，口碑宣传的效果便会维持在一个较高的水平。

如果设置了网址统计（URL），便可对宣传效果进行量化了。

再强调一遍，在"购买完成页面"加设介绍、分享功能的话，口碑宣传的效果便会得到大幅度提升。

不过，消极性的产品，即负面性的产品就不适合采用这种方法。

比如，头发稀少的顾客在申请"生发剂"时，恐怕就没人愿意把这种事情分享到朋友圈里，就算用较为隐蔽的邮件估计也没人愿意推荐"生发剂""祛痘霜"这样的产品吧？

与此相对，"化妆品"和"保健食品"就非常适合了，各位不妨试一试，这将极大地关系到你的营业额哦。

★ 购买按钮要用绿色的

广告链接的引导页

www.ureru.co.jp/book

在"购买确认页面"进行向上销售

www.ureru.co.jp/book2

30日量的
"UREKORA" 胶原蛋白！

对于申请免费体验套装的用户，
我们为您提供了超值组合。

仅限前300名顾客！
3大特权，绝不容错过！

1 半价！ 50%OFF

2 免费送货！ 免费送货

3 免费体验套装

我要变漂亮！

为了实现您的心愿，我们准备了特惠超值套装。
如需购买，请点击绿色按钮！

仅限前300名顾客！
手快有，手慢无！

申请7日量
胶原蛋白免费体验装。

购买30日量
"UREKORA" 胶原蛋白。

申请免费体验装前请务必确认

重要通知
您想永葆青春吗？
您想美丽动人吗？

只要您持续服用"UREKORA"胶原蛋白，
皮肤白里透红、水滑弹润不是梦！
30天见证奇迹的发生！

现在购买30日量的
"UREKORA"胶原蛋白，
可享受半价优惠！

7日量 + 30日量

★ 购买按钮要用绿色的

www.ureru.co.jp/book3

UK热销健康食品

Step 1　Step 2　Step 3

感谢您购买本产品！

本产品将于一周内送达，
请耐心等候。

分享给好友

通过邮件分享

邮箱地址页面正在为您跳转中

通过邮件分享

在社交媒体上分享　　　在微博上分享

twitter でつぶやく　　Yahoo!ブログ で紹介する

facebook でつぶやく　　Ameba で紹介する

Ameba なう でつぶやく　　livedoor Blog で紹介する

mixi ボイスでつぶやく　　ココログ で紹介する

124

在日本，大获成功的企业无不符合本书的内容

模式化

||

最合理的引导页

以此大获成功！

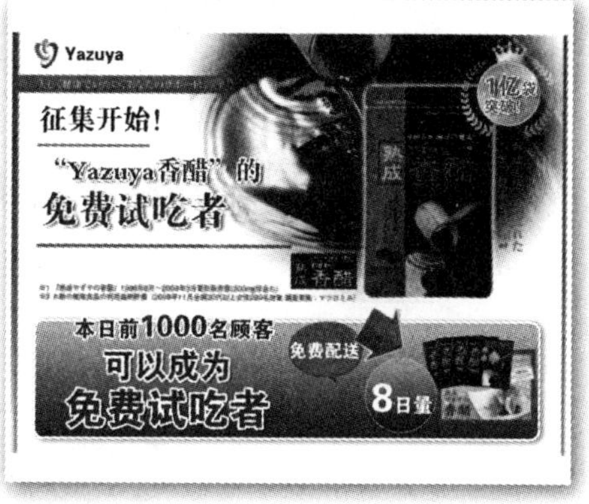

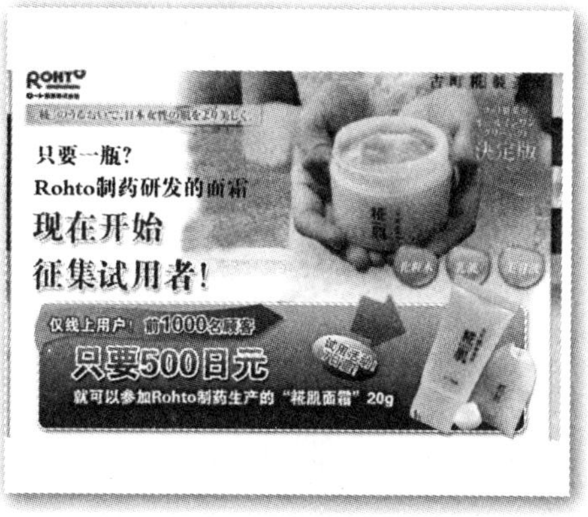

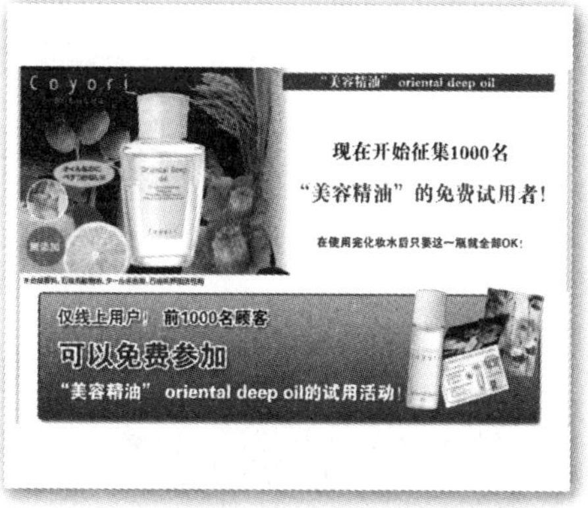

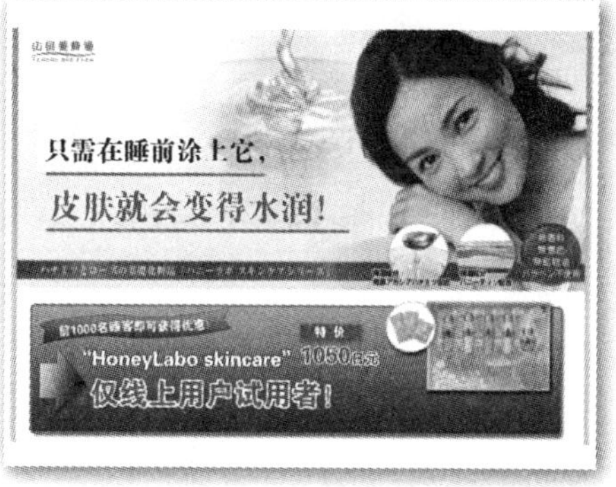

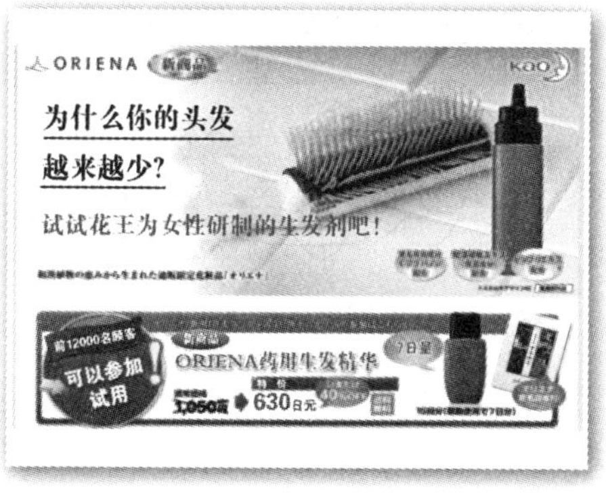

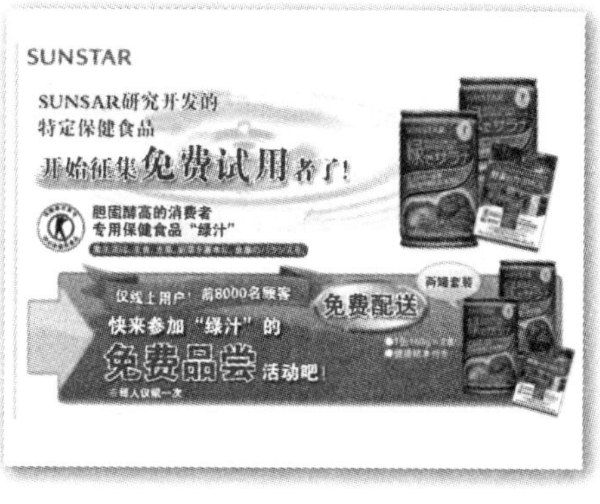

★ 购买按钮要用绿色的

House食品
试用者专用网站
购买者突破20万人！
House让您体验姜黄的力量
现在开始征集
House的“活性姜黄”
试用者！
让姜黄成为你的新习惯
天然效果 活性姜黄
2000
500
只要500日元 便可以参加该活动！

BB Chocola BB系列的网络限定产品
现在开始征集
Eisai公司研发的抗衰老营养品“美 Chocola”的
免费试用者！
胶原蛋白
维生素C
营养功能食品
仅线上用户
3000
约7日量
可以免费参加Eisai的
“美 Chocola”试用动！

NISSIN
现在
100日元
——日清食品“kaming diet”
减肥成功率
约93%
仅线上用户 每周前1000名顾客
免费配送
2日量
花100日元
日清食品研发的“kaming diet”

AJINOMOTO
研究氨基酸100年的自信产品！
现在开始征集
AJINOMOTO KK的安眠产品
“gurina”！
グリナ
50万人
免费配送
3日量
免费参加
AJINOMOTO KK的“gurina”试用活动！

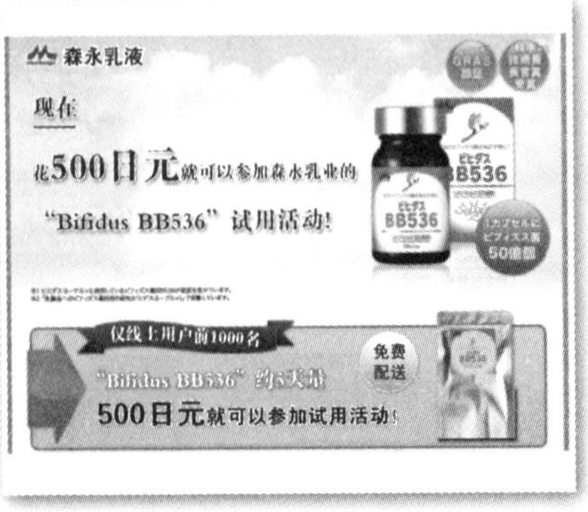
森永乳液
现在
花500日元就可以参加森永乳业的
“Bifidus BB536”试用活动！
BB536
仅线上用户前1000名
免费配送
500日元就可以参加试用活动！

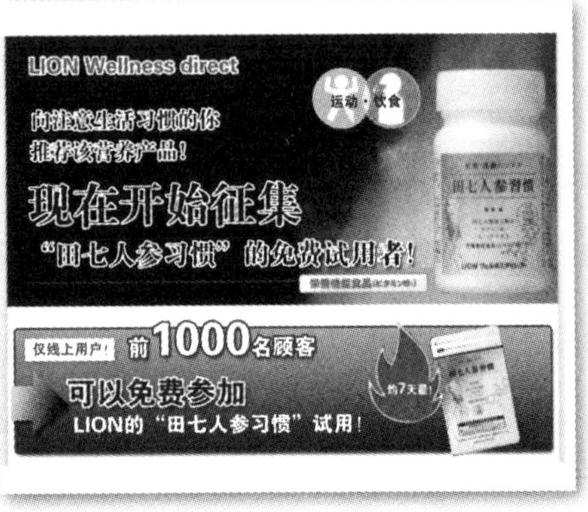
LION Wellness direct
运动・饮食
现在开始征集
“田七人参习惯”的免费试用者！
仅线上用户
前1000名顾客
可以免费参加
LION的“田七人参习惯”试用！

第6章

怎样才能做出回应率最高的广告创意

（文案和设计）

回应率是检验广告创意的唯一标准

在第5章，我们学习了提升网络广告效果的方法。其实，如果按照某种理论设计广告的话，"回应率"一定会有所提高。

本章我便为您介绍这一理论。

其实，即便是获奖的广告创意，如果不能取得较高的"回应率"，也毫无意义。

可以说"产品能否卖的掉""回应率是否高"才是检验广告创意的唯一标准。其中最关键的便是如何获得较高的"回应率"，如何通过广告活动，不断提高回应率的水平。我们应尽量避免回应率因活动的不同上下波动，应确保回应率是一条上升曲线。也就说，要努力提升回应率的水平，切不可放任不管。

话虽如此，不过就连广告行业骨灰级的人物也很难保证每次创意都会让回应率有所提升。正因如此，我们在设计销售创意时才要更加用心。我们制作广告创意时应尽量降低回应率下行的风险，确保回应率的提升。

接下来，为您介绍的创意设计理论，只要您认真实施，就能在每次的广告活动中目睹回应率的提升。

用预算的10%进行"创意试验"

为了最大程度上发挥广告活动的效果，我们必须事先对创意进行比较，从中选取回应率最高的广告创意（广告文案和引导页）。

网络广告最适于进行A/B试验（split-run test），因此我们可以充分利用这一优势。

例如，采用不同的广告语，回应率就可能有2~3倍的不同。

因创意导致的三倍之差，就意味着CPA是1000 日元，还是3000日元。

例如，投入1000万日元制作广告时，收获的购买件数就是10000件和3333件的差别。

因此，如果我们只制作一个广告创意案，便进行大肆宣传的话，风险就太高了。

对于网络广告，我们通常可以在一个媒体上同时投放4~8个广告创意，我们可以改变广告语，进行一下对比试验。（这时，我们可以

★ 购买按钮要用绿色的

把以往最好的创意也放在其中，这样就可以得知新创意是更好了，还是不及以往了。）

我们再从中挑选出回应率最高的创意，投放市场。这就是提前测试创意的方法。

可以说，通过小规模的试验得到的优劣结果，我们投放到大市场时，其结果也基本相同。

如果我们公司投入在广告上的费用预计为1000万日元，那么我们应该用其中的10%，也就是100万日元进行一下广告创意的测试实验。

可是，大多数公司，都觉得这项投入是在浪费钱财，于是由企业负责人和广告公司高管选取一个广告创意便大规模投放市场，结果呢，惨遭失败，损失惨重！

正如体育赛事。没有哪个国家会不经过预选，就指定选手参加奥林匹克竞赛的。

其实，创意是好是坏，不是一次会议就能决定的，它的决定权只能交给顾客。

什么是A/B试验？

在相同的条件下，展示不同的广告创意，
通过顾客的反应，
找到最具效果的广告创意。

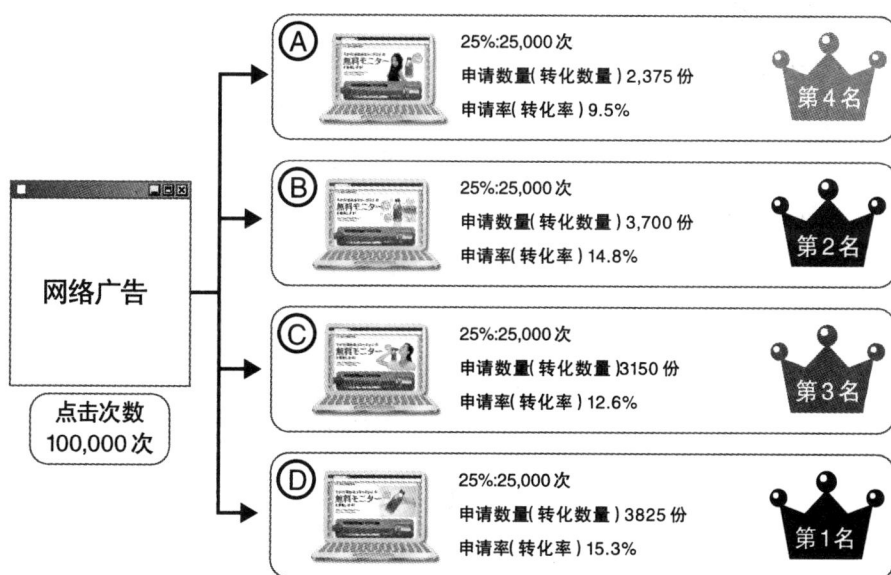

网络广告

点击次数
100,000 次

Ⓐ
25%:25,000 次
申请数量(转化数量) 2,375 份
申请率(转化率) 9.5%
第4名

Ⓑ
25%:25,000 次
申请数量(转化数量) 3,700 份
申请率(转化率) 14.8%
第2名

Ⓒ
25%:25,000 次
申请数量(转化数量)3150 份
申请率(转化率) 12.6%
第3名

Ⓓ
25%:25,000 次
申请数量(转化数量) 3825 份
申请率(转化率) 15.3%
第1名

131

★ 购买按钮要用绿色的

用预算的10%进行"创意试验"

正式投放前,请做好A/B试验!

通过小规模A/B试验得到的排名,在大规模投放广告时几乎不变。因此在决定广告前,请做好A/B试验,找到回应率最高的广告创意。

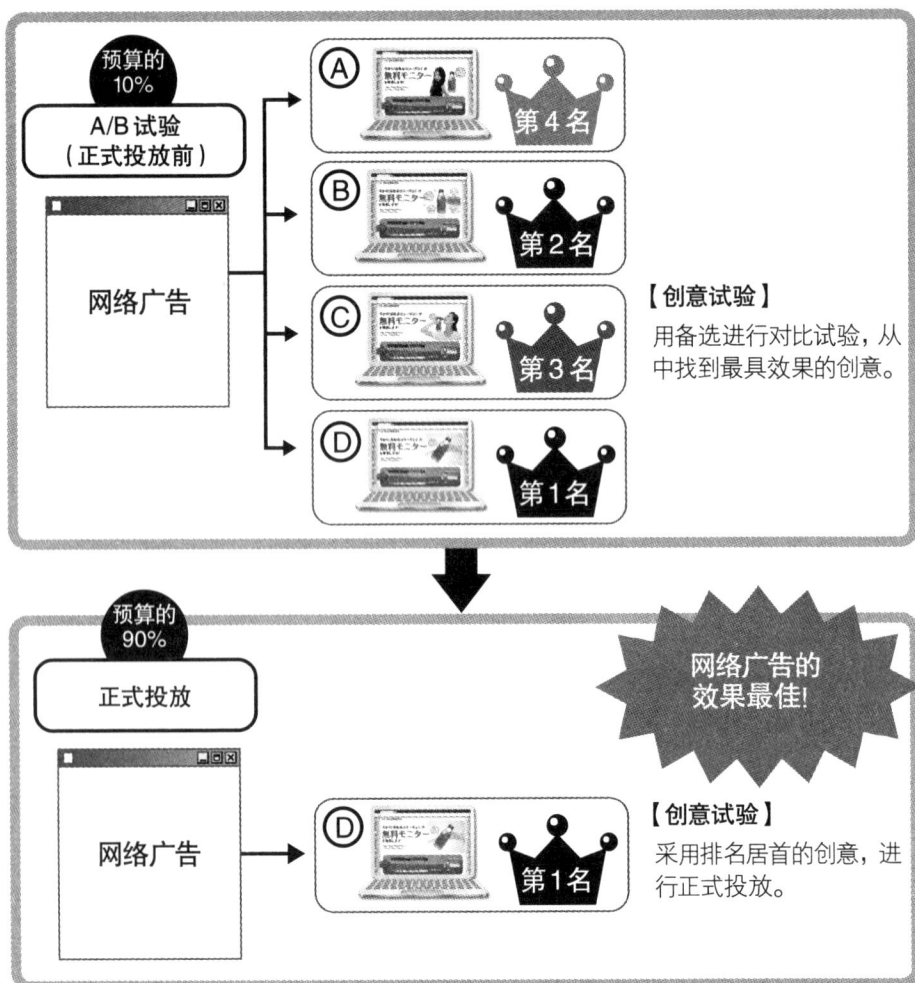

预算的
10%

A/B试验
(正式投放前)

网络广告

Ⓐ 第4名

Ⓑ 第2名

Ⓒ 第3名

【创意试验】
用备选进行对比试验,从中找到最具效果的创意。

Ⓓ 第1名

预算的
90%

正式投放

网络广告

Ⓓ 第1名

网络广告的
效果最佳!

【创意试验】
采用排名居首的创意,进行正式投放。

将最好的创意元素组合在一起，就是最好的广告创意

接下来，我们将眼光放宽一点，来说说广告创意的问题。

其实，为了持续提升网络广告的回应率，我们不仅要经常更换高回应率的广告文案，还要对引导页进行"细节改变"。

在以往的广告行业里，许多公司都将广告策划案看作一部完整的作品。有人就认为"广告创意，就是点子和感性的完美统一"。至少广告代理商都秉承着这一观点。因此，一个策划案不好，他们就会认定这个作品不成功，然后另寻出路，制作新的策划案。（当然，其中不乏多次失败的案例……）

然而，并非如此。

直销产品的创意案，特别是网络广告的创意案并不是他们想象中的样子。甚至可以说，正好和他们的想法相反。

其实在网络广告中，"有感染力的广告语，有冲击力的图片和有创意的设计"等基本要素的简单组合才是影响回应率的关键之所在。我们不必考虑各要素间的关系，只要将最优的要素组合在一起即可。

简单来说，就是将创意分解成各个要素，摸索出哪种组合方式

★ 购买按钮要用绿色的

（广告语+图片+设计）才是提高回应率的最优方法。不过，我推荐您的方法极其简单，那就是实现以下三点：

- NO.1 的广告语
- NO.1 的图片
- NO.1 的设计。

这就是"创意最优化"理论。

**为了获得回应率最高的创意，
我们应该采用**

▶"NO.1 的广告语"
▶"NO.1 的图片"
▶"NO.1 的设计"

只要将所有"NO.1 的要素"组合在一起，就可以获得最高的回应率。

5个步骤，让你立刻找到"最优创意"

为了获得最优创意，我们必须牢牢地把握住提高回应率的最优要素。

因此，在进行网络广告的创意测试时，必须要进行A/B试验（split-runtest），从而明确最优的创意要素。

创意最优化的顺序如下：

注：以下内容均来自我公司顾客的真实操作实例。（应该公司要求，我们对公司的logo和产品包装进行了修改，但案例绝对真实可靠。）

★ 购买按钮要用绿色的

▶ **STEP❶**

将一个创意（横幅广告和引导页）分解成"广告语""图片""设计"三大要素。

为每个要素都设计好若干对照案。例如"广告语预备案""图片预备案""设计预备案"。

URERU健康食品

黒醋，
酿出精气神儿！

▶ 立即试用

※ 要素不仅限于以上三种，根据每次主题的不同，要素的内容也不尽相同。

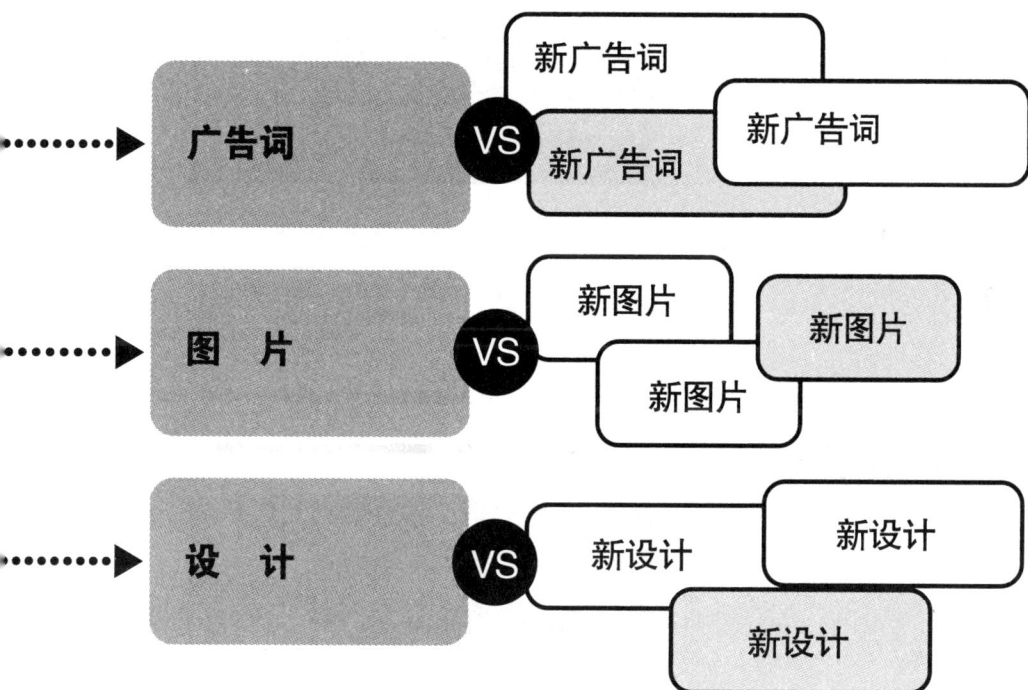

★ 购买按钮要用绿色的

▶ STEP❷

首先，变换创意案中的广告语（即采用预备案中的广告语），和原案进行对比试验（A/B试验），明确最优的广告语。（广告语试验）

广告语A

广告语B

★ 购买按钮要用绿色的

▶ STEP❸

其次，变换创意案中的图片（即采用预备案中的图片），和原案进行对比试验（A/B试验），明确最优的图片方案。（图片试验）

图片C

图片D

★ 购买按钮要用绿色的

▶ STEP❹

再次，变换创意案中的设计（即采用预备案中的设计），和原案

进行对比试验（A/B试验），明确最优的设计方案。（设计试验）

设计A

设计B

★ 购买按钮要用绿色的

▶ **STEP❺**

　　最后，我们只要将最优的"广告语"、最优的"图片"以及最优的"设计"简单地组合在一起，就可以获得最优的创意案，最大程度上提升回应率。

**只要将A/B试验中所有"NO.1的要素"组合在一起，
就可以获得最高的回应率!**

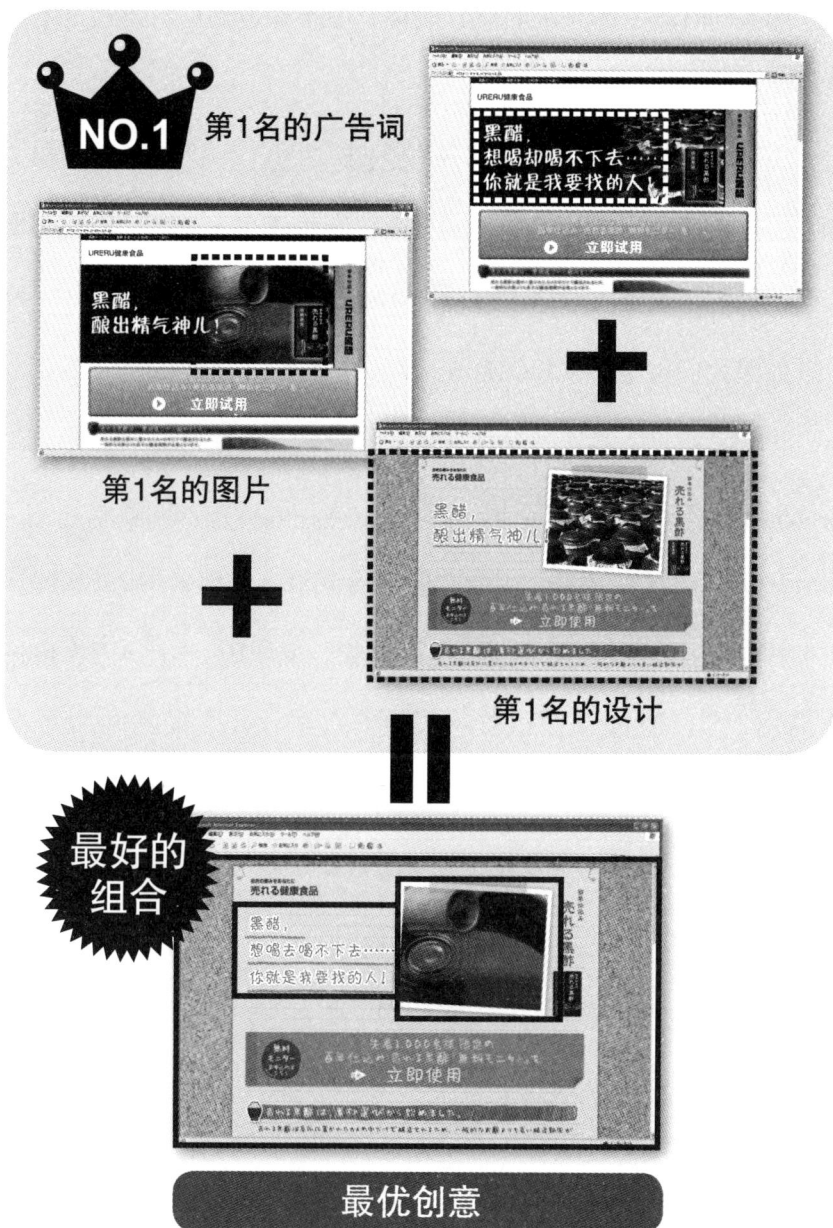

第1名的广告词

第1名的图片

第1名的设计

最好的
组合

最优创意

★ 购买按钮要用绿色的

这里我要强调一点，**在进行广告语试验时，只能变换广告语。**

如果同时改变图片或者设计的话，就不知道是广告语还是图片从中起作用了。

另外，创意案中的要素，不仅限于"图片""广告语"和"设计"，还包括"图标按钮""文字内容""成交记录""申请表格"等等，我们要根据具体情况进行上述试验（A/B试验）。

如果我们将上述试验综合在一起，就形成了下页的体系图。

正如您所见，其实就是将最优要素组合在一起的简单操作。虽然看似简单，不过这种方法对于提高回应率却有着惊人的效果。

从结果来看，这家公司通过广告语试验，发现采用D方案比采用A方案的回应率高出2倍，通过图片试验，发现B方案比A方案的回应率高出2倍。通过设计试验，发现C方案比A方案的回应率高出1.5倍。

最后通过"广告语D方案""图片B方案""设计C方案"的组合，该公司的回应率竟比之前高出了6倍。

其实回应率就是一门关于统计的学问。如果你问艺术至上型广告公司这个理论的话，他们可能会颇有微词。不过，请仔细想一想：日本的足球队哪次不是从各队中挑选最强的队员的呢？棒球的全明星阵

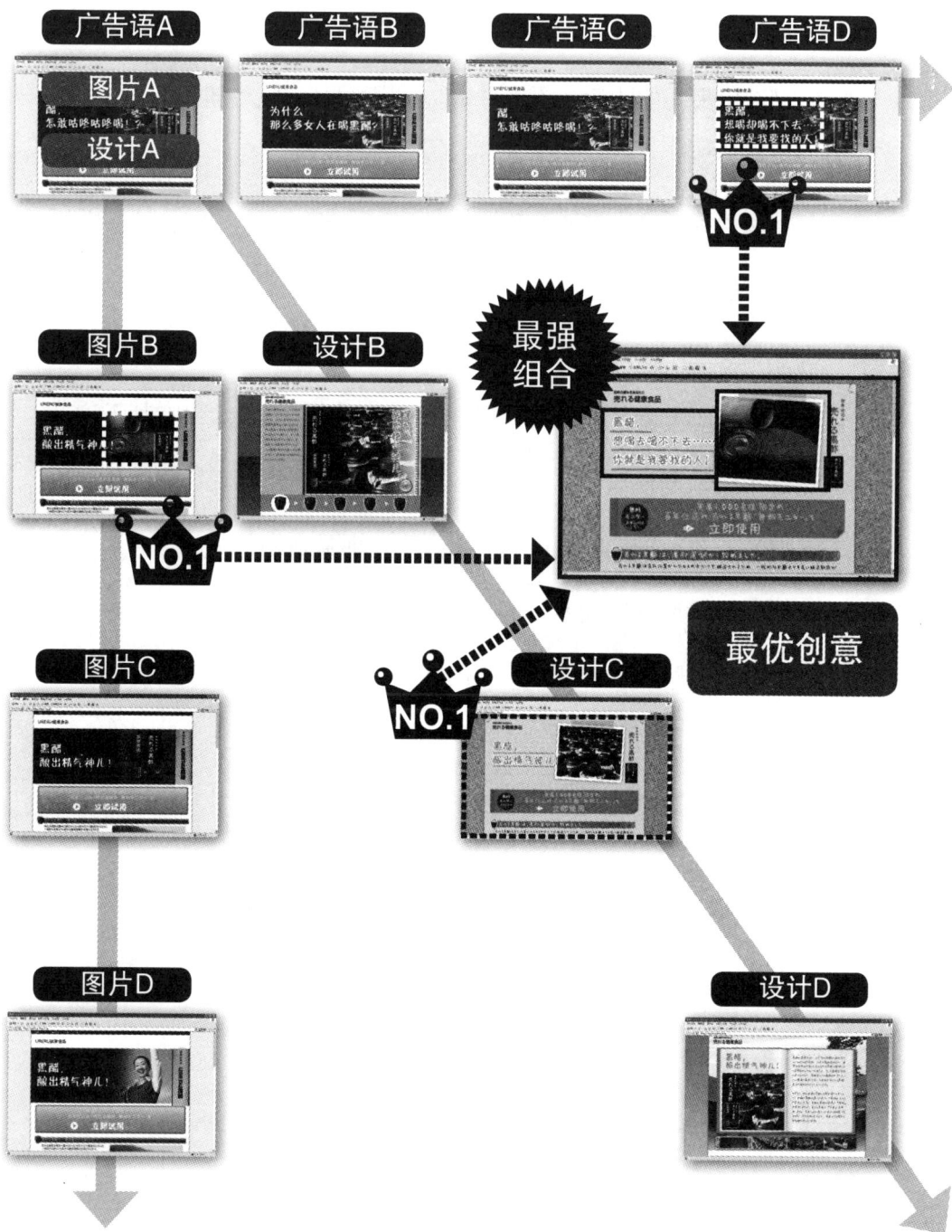

147

容也是如此。也就是说，把各个位置上最强的选手组合在一起，就一定能打造出最强的队伍。不光日本队，巴西队、意大利队都采用了这种"最优理论"。

其实广告创意也无非如此，把最优的要素组合在一起，就一定能取得最好的效果。

如果您想不断地提高回应率，那就要牢牢地掌握这一理论。因为改变组合中的要素，才是持续提升回应率的不二法门。只有基于这一理论，不断地调整细节，才能持续提升回应率。可以说，我就是利用这一原理，才让顾客的回应率有了提高，而且百发百中。

因此，希望各位读者务必牢记：

"想要不断地提高网络广告的回应率，光从艺术角度出发，光靠好点子是不行的。"

"想要不断地提高网络广告的回应率，只有从统计学出发，靠各个要素的组合才切实有效。"

第7章

销售跟进这样做，销售额会翻番

别把跟进销售变成了恶意骚扰

在第1章中，我们探讨了如何提高销售额，如何实现利益最大化的问题。

答案可概括为以下三点：

①通过广告吸引潜在顾客的关注。（高回应率）

↓

②引导潜在顾客进行购买。（高成交率）

↓

③引导成交顾客多次购买，使其成为常客。（高重复购买率）

一个成功的企业，一定是按照上述步骤开拓市场的。

然而绝大多数购物网站，为了提高回应率的确在广告上投入了大量财力物力，可在提高"成交率""重复购买率"方面所做的跟进销售却不尽如人意。

这些公司通常只会向来之不易的顾客反复发送广告味儿很浓的目录类邮件广告，企图借此将顾客诱导至网站首页（EC网站）。

这到底是市场营销，还是恶意骚扰呢？

方法如此低端，成交率和重复购买率怎能有所提升？这种客户关系管理可谓失败至极。

从明天起，停发目录类邮件广告

首先，我们来讲一下客户关系管理中"邮件"的问题。

据统计，在网上购买产品的顾客中，有8~9成的人还会在网上购买。

因此，邮件营销在互联网营销中尤为重要。

不过，大部分网络销售公司发出去的目录类邮件广告都难逃即刻被删除的厄运。许多企业常常向顾客发送那些满是商品信息的目录类邮件广告，结果呢，顾客看也不看就把它删除了。

明天开始，就请停发目录类邮件广告！可以说，在目录类邮件广告上投入越多的公司就越容易失败。现在还有谁会读你的目录类邮件广告呢？

所谓的邮件营销，只有在合适的时机发送给顾客，让顾客查收，点击相应的链接，到达引导页进行购买才有意义。

因此，想要让互联网客户关系管理有效果，就要转换思维，变"目录类邮件广告"为"追踪邮件"。

通过邮件将顾客引至"网站首页（EC site）"，是大错特错。

在第3章中我们说过，顾客通过网络广告应该进入至某一产品的引导页，而不是"公司网站"，这应该作为原则性问题加以把握。

例如，广告中宣传的是A商品，那么链接后的引导页就应该只显示A商品的信息。该网页应提供给顾客最核心的商品信息，而不应提供过多的选项，避免多余的商品信息。

最近，有许多公司在设计网络广告时，在顾客的回应阶段就设置了引导页。然而，它们中的绝大部分（99%）却又在购买阶段、复购阶段给顾客发送充斥着各种商品信息的目录类邮件广告，希望将顾客引导至"网站首页"。

前面反复说过了，即便通过目录类邮件广告将顾客引向了"网站首页"，他们也是不会购买的。这种跟进销售就是失败的典型案例。

因此，想要让互联网营销有效果，就要转换思维，变"目录类邮件广告"为"追踪邮件"。

★ 购买按钮要用绿色的

停发目录类邮件广告，改用追踪邮件

✗ 绝大多数公司去进行跟进营销时，
只会单纯发一些电子杂志！

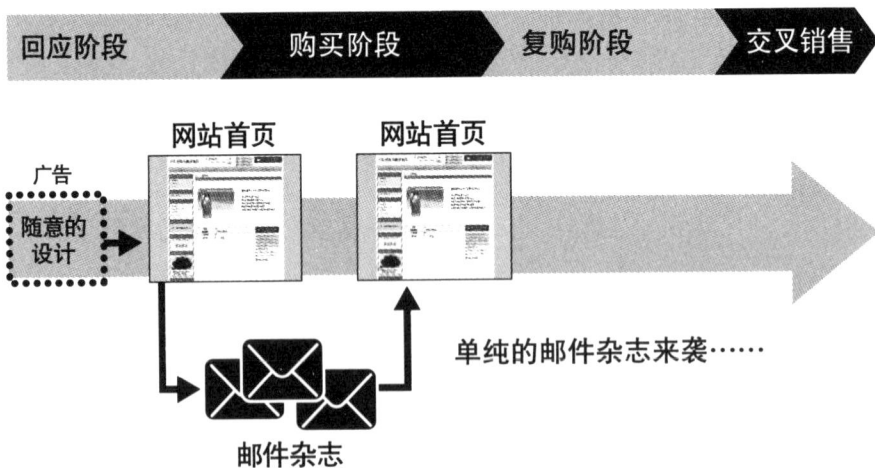

| 回应阶段 | 购买阶段 | 复购阶段 | 交叉销售 |

网站首页　　**网站首页**

广告
随意的
设计

单纯的邮件杂志来袭……

邮件杂志

将顾客引至引导页，而不是网站首页

绝大多数公司去进行跟进销售时，
都习惯将顾客引至该公司的网站首页

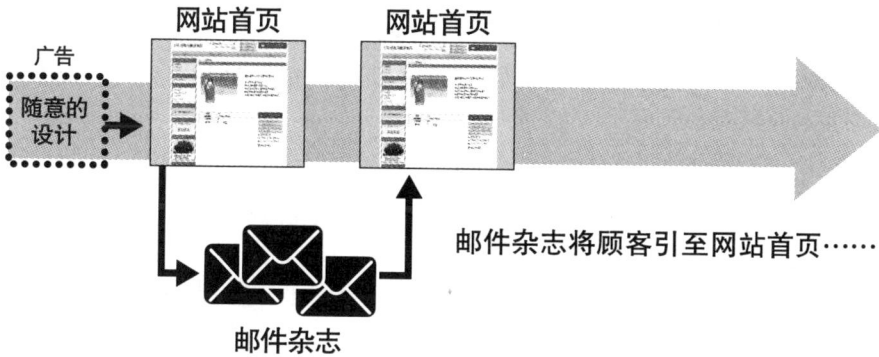

| 回应阶段 | 购买阶段 | 复购阶段 | 交叉销售 |

网站首页　　网站首页

广告

随意的
设计

邮件杂志将顾客引至网站首页……

邮件杂志

★ 购买按钮要用绿色的

> ⚠ **根据不同阶段的特点设计专门的追踪邮件和引导页**

在进行跟进管理时，为了提高成交率和重复购买率，我们可以根据不同阶段（购买阶段或复购阶段）的特点设计专门的追踪邮件和引导页。

再强调一遍。

在进行跟进销售时，为了提高成交率和重复购买率，我们可以根据不同阶段的特点设计专门的追踪邮件和引导页。

例如，一位顾客对产品A的体验套装感兴趣，通过广告专用引导页进行了注册，那么在给这位顾客发送"购买专用追踪邮件"时，链接后的"购买专用引导页"上应该只有产品A的信息。

接下来，针对购买了本产品的顾客，希望他再次购买时，应发送"复购专用的追踪邮件"，而链接后的"复购专用引导页"上也应该只有产品A的定期配送信息。

简单来说，就是提供给顾客最核心的商品信息，而不提供过多的选项，从而避免了多余的商品信息，在特定阶段针对特定目的。采用了这种"专用追踪邮件"，成交率和重复购买率便会有大幅度提升。

因为"关注""购买""复购"等各个阶段的目的不同，当然引

购买专用追踪邮件和购买专用引导页

购买专用追踪邮件

购买专用引导页

URERU健康食品

体验用户专享

给想继续服用本产品的您
最优的价格！

胶原蛋白
让您每天精神饱满，皮肤水嫩！

胶原蛋白中的佼佼者！　销售量突破100万瓶

※本商品纯属虚构

仅限前**300名**顾客

URECORA

还犹豫吗？看看她们是怎么说的！　添加到收藏夹

继续服用本品，保持年轻活力！

157

★ 购买按钮要用绿色的

复购专用追踪邮件和复购专用引导页

复购专用追踪邮件

复购专用引导页

导页的宣传方法（游说方法）也应有所差异。

至于各个阶段的游说方法……

- 关注阶段="广告专用引导页"="先试试看嘛！"

- 购买阶段="购买专用引导页"="要购买本产品哦！"

- 复购阶段="复购专用引导页"="要定期购买本产品哦！"

如果把它比作一场恋爱的话……

- ♥关注阶段="和我约会吧！"

- ♥购买阶段="和我交往吧！"

- ♥复购阶段="和我结婚吧！"

另外，第3章我们也提到过，引导页不要和购物车连在一起，无论是"购买专用引导页"，还是"复购专用引导页"，都应该将引导页和申请表设置在一个页面上。

顾客填写完申请表后，便是可以进行向上销售的购买确认页面，接下来是"购买完成页面"，这样的设置看似简单，却极其重要。

最后再强调一遍，在进行跟进销售时，如果我们能够根据关注、购买、复购等不同阶段的特点设计专门的追踪邮件和引导页，就可以大幅度提升成交率和重复购买率。

最终，随着顾客顾客终身价值（LTV）的提升，公司的销售额也会大幅度提升。

★ 购买按钮要用绿色的

分阶段的专用追踪邮件和专用引导页

根据各阶段的目的制作专用的追踪邮件和引导页，
可大幅度提高购买率、复购率！

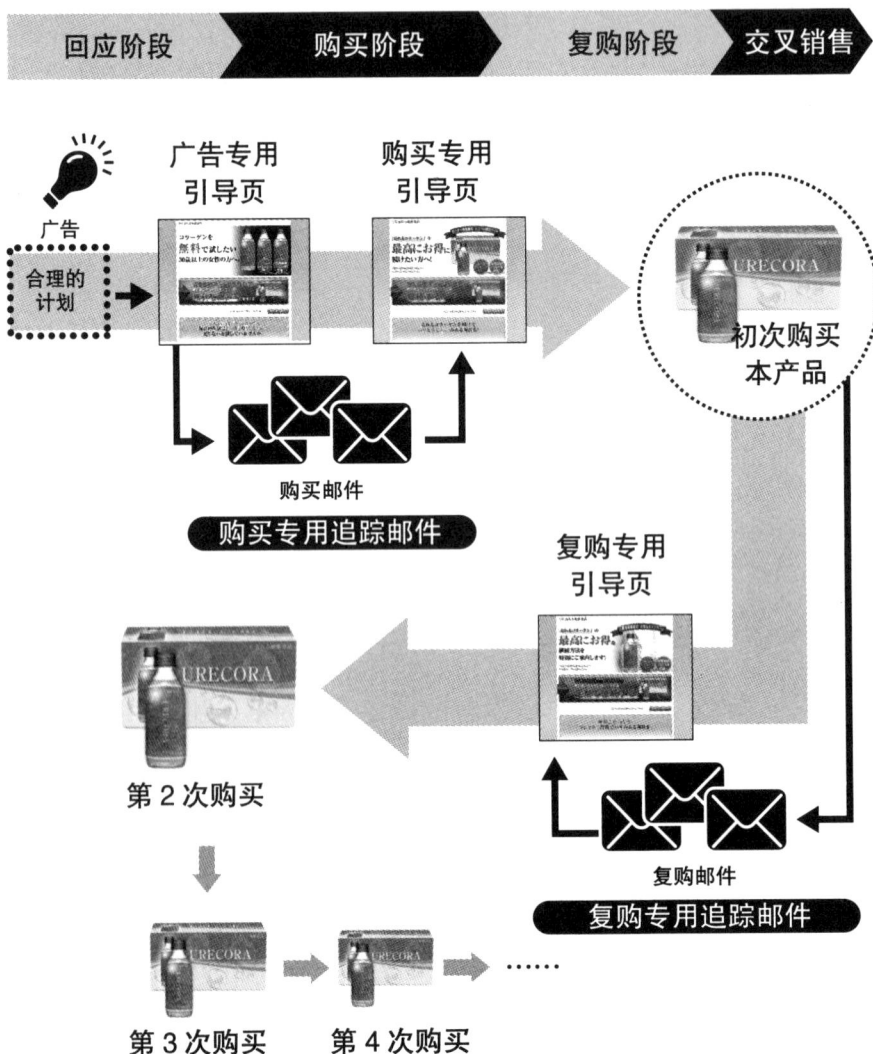

回应阶段　　　购买阶段　　　复购阶段　　交叉销售

广告专用
引导页

购买专用
引导页

广告

合理的
计划

购买邮件

购买专用追踪邮件

初次购买
本产品

复购专用
引导页

第2次购买

复购邮件

复购专用追踪邮件

第3次购买　　第4次购买 ……

⚠ 追踪邮件的发送时间一定要和顾客的消费周期一致

可以说，网络销售企业在进行跟进销售时，"时机"决定一切。

道理很简单，因为无论你的追踪邮件写得多有创意，顾客如果还有剩余产品，就不会再买。

然而大多数公司却没在意顾客的首次购买日期，常常是每个礼拜或每个月统一给全体顾客发送目录类邮件广告。

可是顾客的购买日期是不同的啊！

有星期一购买的，也有星期五购买的。有月初购买的，也有月末购买的。

因此，只要发送追踪邮件的时机刚好符合顾客的消费周期，那么成交率和复够率自然会有所提升。

例如，一位顾客申请了7天体验装，你就应该在6天后，也就是商品即将用完的那一天发送一封"专用追踪邮件"，打探顾客是否有意继续使用。

161

★ 购买按钮要用绿色的

结合消费周期的购买专用追踪邮件

时机		到货日 +6 天后	到货日 +11 天后	到货日 +16 天后

邮件名称

体验套装

URECORA

尽力让潜在客户
购买本产品

✉ → ✉ → ✉

购买专用追踪
邮件①

购买专用追踪
邮件②

购买专用追踪
邮件③

说明

7天量

用完之前

邮件内容	邮件内容	邮件内容
·您要继续购买 本产品吗？	·您要继续购买 本产品吗？	·您要继续购买 本产品吗？
·本产品的 特惠信息 （前300名享受特惠）	·本产品的 特惠信息 （仅剩100名）	·本产品的 特惠信息 （优惠活动即将截止）
·客户好评	·产品专栏	·是否购买
·购买专用引导页 的链接	·购买专用引导页 的链接	·购买专用引导页 的链接

结合消费周期的购买专用追踪邮件

时机		到货日 +25 天后	到货日 +32 天后	到货日 +39 天后	到货日 +46 天后
邮件名称	首次购买 本产品 URECORA	尽力让现有客户再次 购买本产品			
		复购专用追踪 邮件①	复购专用追踪 邮件②	购买专用追踪 邮件③	复购专用追踪 邮件④
说明	30 天量 用完之前	**邮件内容** ·您要定期购买本 产品吗？ ·定期购买本产 品的特惠信息 （前 300 名享受特惠） ·产品是否即将 用完 ·**复购专用引 导页的链接**	**邮件内容** ·您要定期购买本 产品吗？ ·定期购买本产 品的特惠信息 （仅剩 200 名） ·继续使用产品 的必要性 ·**复购专用引 导页的链接**	**邮件内容** ·您要定期购买本 产品吗？ ·定期购买本产 品的特惠信息 （仅剩 100 名） ·顾客好评 ·**复购专用引 导页的链接**	**邮件内容** ·您要定期购买本 产品吗？ ·定期购买本产 品的特惠信息 （最后一次优惠） ·是否购买 ·**复购专用引 导页的链接**

163

★ 购买按钮要用绿色的

　　例如，一位顾客购买了30天量的产品，你就应该在25天后，即顾客那里的产品所剩无几的时候，发送一封"复购专用追踪邮件"，询问他是否需要"产品的定期配送"。

　　其实，只要把握住顾客的消费周期，适时地发送追踪邮件，成交率和复够率就一定会有所提升。

⚠ 根据首次申请时间点掌握好追踪邮件的发送时机

大多数公司都没在意顾客的首次购买时间，因此通常是下午3点等同一时间给全体顾客发送目录类邮件广告。

然而，顾客的申请时间却不尽相同。既有晚上8点申请的，也有早上10点申请的。可以说，顾客上网的时间不同，购物欲高涨的时段也不同。

因此，为了提高追踪邮件的效果，我们就要按照顾客首次申请的时间来发送邮件。

例如，某顾客晚上8点左右第一次申请了产品，那么我们也要在晚上8点左右给这名顾客发送追踪邮件。

例如，某顾客上午10点左右第一次申请了产品，那么我们也要在上午10点左右给这名顾客发送追踪邮件。

因为这个时段，该顾客上网的可能性大，消费欲望也最强烈。

如果此时顾客收到这封邮件，我们的成交率和复够率自然会有所提升。

★ 购买按钮要用绿色的

结合首次申请时间点的追踪邮件

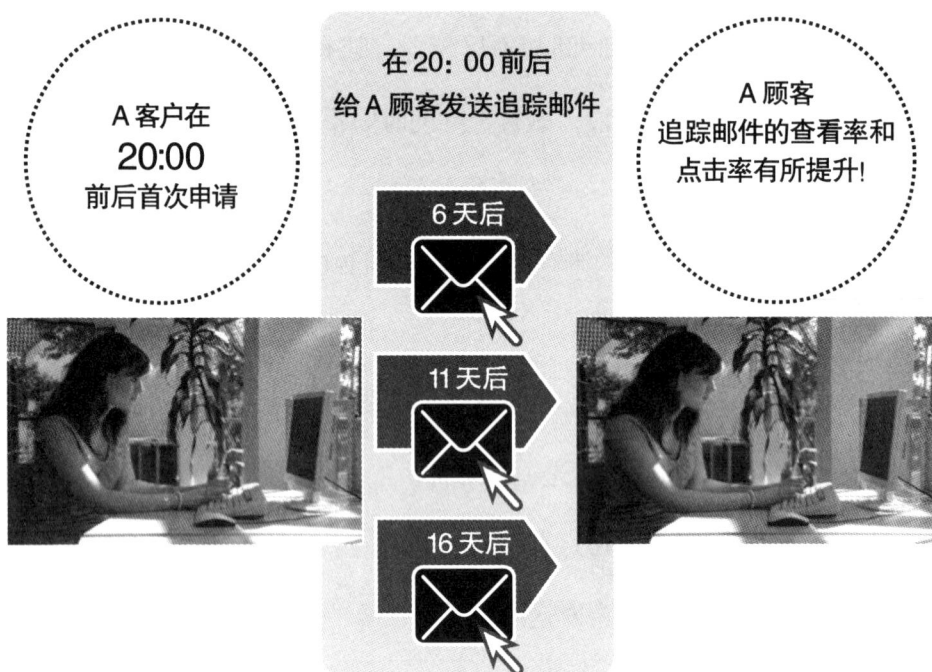

A 客户在
20:00
前后首次申请

在 20：00 前后
给 A 顾客发送追踪邮件

6 天后

11 天后

16 天后

A 顾客
追踪邮件的查看率和
点击率有所提升!

"颜值"和"性格"——怎样让追踪邮件"活"下来

据说，目前日本人平均每人每天可以收到30封邮件，而其中80%属于垃圾邮件。

因此，顾客在收到邮件时，短短的几秒钟（低于8秒）便决定了要不要打开该邮件，要不要查看该邮件。

其实我也"深受其害"，短短的一天时间就会收到一大堆垃圾邮件。

恐怕各位读者也和我一样吧，正因如此，我们练就了瞬间决定看哪个邮件，删哪个邮件的高超本领。

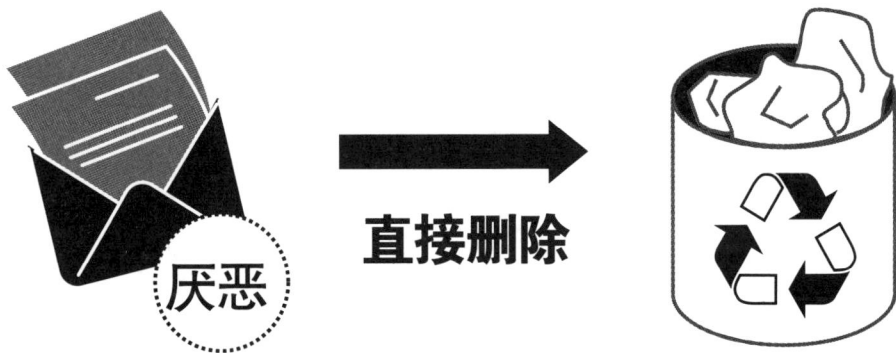

厌恶　→　直接删除

★ 购买按钮要用绿色的

然而，许多公司仍然发送着一眼就知道是广告的目录类邮件广告，结果呢，全部都进入了顾客的邮件垃圾箱。

没人去打开这些广告邮件，就没人会点击进入商品网页，那当然更不会有人购买或者二次购买该产品了。

因此，作为网销企业要想方设法别让自己的邮件被删除，而要让自己的邮件"活"下来。

如何让自己的邮件"活"下来呢？"颜值"和"性格"很重要。

只变在这上面下功夫，我们就能够成功地提高追踪邮件的效果。

接下来，为您介绍几条邮件技巧，请务必尝试。

追踪邮件技巧 1　发件人使用个人名称

要知道，顾客瞬间就可以判断出应该查收哪封邮件，应该删除哪封邮件。因此很多情况下，邮件发件人的名称便成为了是否查收该邮件的筛选条件。

顾客首先会看发件人的名称，从中判断出这封邮件是来自和自己有关系的人，还是来自公司，抑或是毫无关系的广告宣传。

然而，绝大多数（99%）网购公司的发件人名称，不是"某某公司编辑部"，就是"某某公司线上商店"，一眼就知道这是个广告邮件了。

现在的顾客谁会去读这样的邮件呢？他们个个都火眼金睛，一眼就知道是广告，所以通常都是看也不看就把它删掉了。

您收到这些以公司名义发来的邮件，会怎么处理呢？

如果作为营销人员的您都不看的话，那么一般的消费者就更不会打开查看了吧。因此，如果邮件的发件人是公司或商店，顾客瞬间便知道这是广告，当然也就难逃被删除的厄运。

★ 购买按钮要用绿色的

可是如果顾客收到的邮件，似乎来自某个人，他就很难看也不看就将其删掉了。

因此，我建议在发送追踪邮件时，不要使用公司名称，而要使用个人名称作为发件人的名称。

通过这一处理，顾客就没法无视邮件，邮件被打开的概率自然就升高了。

追踪邮件的发件人应使用个人名称

发件人

慢半拍文化编辑部

邮件被打开概率提升!

发件人

susie lee(慢半拍文化编辑部)

追踪邮件技巧 2　追踪邮件的主题要貌似"业务往来"

和发件人名称一样，邮件的主题也是不容小觑的重要因素之一。

许多公司在写主题时，常常喜欢大吹大擂，企图吸引顾客的眼球。为了让顾客打开邮件，他们常常会在主题中写入促销信息（打折优惠）以及各种图形符号。可事与愿违，如此花哨的主题常常适得其反。

这是因为，顾客一看到写有促销信息（打折优惠）以及各种图形符号的主题，一下子就会知道这是一封广告，所以通常是看也不看就将其删掉了。

可以说，**在当今的互联网时代，你的邮件主题写得越花哨就越容易被删掉**。可是很多公司却没有注意到这一点，仍不遗余力地在主题上大做文章。

那么，什么样的主题会提高邮件的开封率呢？答案很简单，只要将主题写得看似"业务往来"即可。

其实，我们看一下来自朋友和同事的邮件主题就会发现，只要对方按常理出牌，他的邮件主题通常都很简洁、清爽。当然，这些来自

★ 购买按钮要用绿色的

朋友和同事的邮件，我们也都会查看。

简单点说，在顾客的概念里简洁的主题就等于日常邮件，花哨的主题就等于广告邮件。所以我们在写主题时，要尽量让顾客察觉不出这是一则广告，要尽量让他们误以为这是一封来自朋友或同事的邮件，从而提高邮件的开封率。如果顾客觉得这封邮件涉及了业务内容，他就一定会打开查看，这样一来邮件的开封率自然就有了大幅度提升。

追踪邮件的主题要貌似"业务往来"

主题
《某某公司超值信息》人气图书 20% OFF

邮件被打开概率提升!

主题
【重要】致苏先生，关于某图书的重要通知

追踪邮件技巧 3　追踪邮件的"颜值"和"性格"，应给人留下较好的第一印象

当然，通过以上两个技巧，我们可以提高邮件的开封率，但如果顾客不看里面的内容还是毫无意义。因此，邮件内容给人的第一印象就显得尤为重要了。

首先，让我们来看一个错误的例子。通常顾客看到这种邮件立马就会将其删除。可以说这种怎么看怎么像推销似的"模样"和"性格"本身就是邮件中致命的问题。一个人如果外表邋遢、内里龌龊自然不受欢迎，同理一个看着难受、读着别扭的目录类邮件广告也很难得到顾客的青睐。

一般情况，顾客会将这种邮件删除，甚至还会把它拉进黑名单。

而那些耐看的邮件，就像来自于朋友和同事邮件一样，是用感情在叙述一件事情。

有些敏锐的公司正是注意到了这一点，才想方设法让自己的邮件更贴近日常、更具人情味，从而让其他公司望尘莫及。

和发件人名称、邮件主题一样，看上去普普通通、读起来顺心顺

意的邮件就仿佛是朋友、同事发来的一样，当然没有不读的道理。如果顾客看了这封邮件，还特地写了回信的话，那这则广告邮件就太成功了。

这就意味着你发的邮件，会让顾客感觉它就是特意为自己发的，所以顾客才会回信。这样的广告才是极致的广告。

什么样的邮件会给人留下好印象？

1 不大量使用图形文字和装饰文字

2 网址链接（URL）不超过2组

3 只推荐顾客感兴趣的商品

4 邮件的首句应使用顾客的姓名

例）ＸＸ先生，您好
　　从今天起由我为您服务。
　　我是来自ＸＸ公司的山田花子。

5 文章要有心，不要只是罗列单词

例）首先感谢您申请本公司的产品……

6 邮件中也应使用顾客的姓名

例）这款产品，我个人十分喜欢，
　　如果ＸＸ先生您也喜欢的话，真是倍感荣幸！

7 涉及一些产品以外的话题，让邮件更有人情味

例）前几天，我一走进代官山的咖啡馆……

★ 购买按钮要用绿色的

最差劲的垃圾邮件（目录类邮件广告）

▼ ｜指｜引｜命｜运　J5H5Mayer主编网站 "女王的占卜"

▼ └─└─└─└─└─└─└─ 可占卜恋爱、金钱等各种运势

http://www.accesst rade.net/at/c.html?rk=01001ldt0005ce

▼ 你的通信速度是多少？ "速度测定" 还有可能赢取大奖哦

⇨测定⇨http://s15.j-a-net.jp/gateway/click/cgi?a=12902&d=33394&u=

▼ 　｜问｜卷｜调｜查｜！｜

关于娱乐的问卷调查，轻松赢取10万大奖

http://202.218.32.115/CM/Controller/CLCountCmd?a=15344%d=123848u=

▼ 　电子杂志：重装营业，特惠活动　　东京电力 TEPORE ■

10万元JTB旅游券，松下DVD播放机，奖品丰厚！共计100名！
http://www.accesst rade.net/at/c/html?rk=01000ei j0005oe

▼ ｜现金100万｜汽车导航｜名牌钱包现金大奖，豪华奖品，可重复中奖！｜
｜　　ipod U2　　｜★速度悬赏钻石邮件
　　　　　　　　　 抽签结果当场可知。

差劲邮件的特点

▶ 大量使用图形文字和装饰文字
▶ 网址链接（URL）过多
▶ 简单罗列大量商品信息（特惠信息）

！　在追踪邮件中顾客可以一键购买

通常，顾客在网站首页第一次注册购买产品时都需要输入用户名和密码，而再次购买时还需要输入该用户名和密码。

其实这正是影响回应率的主要问题。

其一，很多顾客觉得再次输入用户名和密码过于繁琐。其二，很多顾客再次购买时，早就忘记了原来设置的用户名、密码。

据统计，目前平均每个人设置的用户名和密码高达十余组，因此他们很难再记住购物网页上的用户名和密码了，这也是近些年购物网页上户名和密码经常提示输入有误的原因。

可以说，用户名和密码这种惯用方法正在被时代所淘汰。

现如今，提高成交率和重复购买率的最优方法就是通过追踪邮件完成一键购物。

简单来说，就是在追踪邮件中为每位顾客附上相应的网址，只要点击网址，引导页上就会自动显示他第一次购买时所填写的信息。

★ 购买按钮要用绿色的

即顾客只要按一下购买按钮，就可完成购物。

通过追踪邮件一键完成购买的方法最大程度上简化了购买过程，倍受顾客的欢迎。

和以往的用户名/密码模式比起来，成交率和重复购买率会提高1.5~2.5倍。

在追踪邮件中添加单独的网址，借此实现一键购物

名称：【重要】关于"UREKORA"胶原蛋白的最后通知

加藤女生
您好，我是 URERU 健康食品的工作人员，我叫龟谷。
上次为您介绍过的 URERU 特惠活动，由于反响特别热烈，
已经接近了预定名额（仅限前 300 名），因此希望您尽快申请！

~~~ 另外，我司的线上特惠活动还在进行中 ~~~
通过线上预定的顾客，可以享受到诸多超级优惠。
【优惠 1】超值价格
原 3000 日元（含税）的商品现只需 1500 日元（含税）！
【优惠 2】免费小样
免费奉送您一套对抗岁月痕迹的"UREKORA"胶原蛋白小样！
【优惠 3】免费送货
现在订购免费送货！（平时运费 500 日元）

★ 订购超便捷！**点击下方链接即可！** ★

https://www.ureruad.jp/ad/c204/?rp=02f69e2f648b68a042d5efb443915943

①点击网址！

②自动输入顾客信息！

③点击购买按钮即可！

★ 购买按钮要用绿色的

利用专用追踪邮件提高成交率

名称：关于继续订购"UREKORA"胶原蛋白的相关事宜
发件人：山田花子（株式会社 URERU健康食品）

加藤女士
您好

我是URERU健康食品的山田。
首先感谢您参加我们的免费体验活动。
我本人是半年前开始使用这款产品的，不知道您用了以后是否满意呢？
"UREKORA"胶原蛋白不是药物，而是一种健康食品。
因此，只有坚持服用才会收效明显。
我个人建议您至少服用3个月。
为此，我告诉您一项超值特惠活动，
★订购极其方便，只要点击下方链接便可完成订购。★
↓↓↓↓↓↓
https://www.ureruad.jp/ad/c204/?rp=02f69e2f648b68a042d5efb443915943

由于您第一次订购该产品，我们只收取半价。
可别告诉其他人哦！
期待您的购买。
谢谢!

山田花子
株式会社 URERU健康食品

给潜在顾客发送网络专用的附赠函

对于许多公司来说，因为长期使用线下媒体（报纸、传单、专题片等），它们在使用线上媒体时，常常会陷入一个误区。

它们不会考虑目标群体的特定属性，因此无论是对于因网络广告而来的潜在顾客，还是对于因线下媒体（报纸、传单、专题片等）而来的顾客，都采用了相同的附赠函。

其实，不用我说各位也知道，目标群体不同，购买的方式自然也不同。因此，你再用线下媒体那一套应付因网络广告而来的潜在顾客，效果一定会大打折扣。

对于线上和线下不同年龄层的潜在顾客，我们不应采用相同的附赠函，而要有适当的针对性。

因此，对于通过网络广告吸引来的潜在顾客，我们只要采用网络专用的附赠函，成交率和重复购买率就一定会有所提升。

具体点讲，只要我们针对网络顾客，在附赠函中稍稍改变一下"宣传内容"和"诱导方法"，就可以取得惊人的效果，而成交率也

★ 购买按钮要用绿色的

给网络潜在顾客发送网络专用信函

健康生活读本

自然之源，健康之本

《健康生活》
每瓶3000日元（含税）

订购商品

明信片

电话
0120-111-111
（受付时间：8:30～21:00）

FAX
0120-222-222
（24时受付）

针对线下广告的客户

针对网络广告的客户

健康生活

源于自然，以内养外

《健康生活》
每瓶3000日元（含税）

订购商品

互联网用户
www.kenkoseikatsu.com
健康生活　搜索

手机用户
www.kenkoseikatsu.com/i
健康生活　搜索

会出现较大的提升。

首先，我们来讲一下"宣传内容"。据统计，网络上的潜在顾客多为30~40岁，因此针对这些顾客附赠函的宣传内容应主要面向年轻一族。

例如，我们的产品为保健品。如果线下途径的附赠函宣传是"各品类的保健品"，那么线上途径的附赠函则应针对"美容和减肥类的保健品"；假如，线下途径的附赠函中使用的是面向五六十岁人的图片，那么线上途径的附赠函就应该使用三四十岁年轻女性的图片。

接下来，我们说一说"诱导方法"。

有数据显示，首次通过互联网申请（购买）产品的顾客中，有8到9成的顾客再次购买产品时，依然会选择互联网。而线下附赠函的诱导方法无非是回执、电话、传真，可是互联网用户很少使用以上三种方式购买产品。

简单来说，绝大多数互联网上的潜在顾客只会通过网络途径购买产品。

即便是收到了普通的附赠函，他们依然会通过网络进行检索。因此，我们在发送附赠函时就应采用针对互联网顾客的诱导方法（互联网、智能手机）。

183

★ 购买按钮要用绿色的

为了方便顾客再次购买，如果线下销售的附赠函中留有回执信、电话号码、传真号码，那么网络销售的附赠函中就应该留有电脑、手机的登录地址。

具体来说，就是注明"检索关键词""网址"和"二维码"，当然，通过这些方式顾客应该直接进入到"购物专用引导页"或者是"复购专用引导页"，而不是购物网站的主页。

只要我们认识到目标群体的特点，结合邮件等追踪手段，就一定能够提高成交率和重复购买率，从而实现销售利益的最大化。

各位不妨试试看。

第8章

和广告公司合作的22条经验

合作的广告公司不行，你的推广活动便注定失败

因此在本书的最后一章，我们来谈一谈和广告公司合作的相关问题。

一个网销企业能否在营销上取得成功，很大程度上取决于它和广告公司的打交道方式。

许多经营者很相信自己公司的产品，喜爱自己公司的产品。所以他们坚信只要把广告放在一个显眼的位置，让很多人看到，自己的产品就一定能热销。

于是，他们听信广告公司建议，掏出家底投放广告。结果呢，回应率几乎为零，销售额没上去，广告的成本收益率当然差到不行。

这究竟是为什么呢？

原因很简单，"其实在广告公司里，超过90%的人在销售方面毫无经验。"

我并没有夸大其词。

虽然现在大家都认为"广告就是为了销售商品"，不过在过去的

50年间，广告业界一直秉持的理念却是"广告=让大众知晓（广而告之）"。

广告公司通过电视等媒体让大众了解该产品，从而树立该品牌在大众心中的地位。因此，目前的广告公司里几乎没有从事销售、特别是从事互联网销售的专业营销人士。

另外，你投入的广告费用越多，广告公司的收入也就越高。因此他们常常推荐你在电视、报纸、网络等各类媒体上投放广告。不客气地说，"广告公司中90%以上的人，并不会关心广告的成本收益率。"

你可能会觉得我在危言耸听。

那么不妨问下你常接触的广告公司："我们用了您的方案，销售额能上升多少？"

如果不出我所料，他们几乎都会答道："怎么说呢，广告和销售并不直接相关，首先我们要树立产品在大众心目中的地位，这对于公司的营销有着极大的推动作用。"

你可以接着问："那您能告诉我，树立品牌形象后，它会在何时以何种方式发挥效用，另外又能给我带来多少收益呢？"我想大多数广告公司都会无言以对。

我并不是说这样的广告公司差劲，而是想告诉大家，在目前的广告公司中很少会有人考虑你的成本收益率。

我曾经就职于广告公司，也接触过许许多多的广告人，因此我可以负责任地告诉你，广告公司中90%以上的人并不认为广告的目的在于销售。

在广告公司里，设计师会认为广告是一门艺术，视频广告策划会认为广告是一项娱乐，而文案则一门心思追求所谓的创意。那是不是就没有好的广告公司（广告人）了呢？

当然不是。只不过确实少之又少，不过他们却可以实实在在地提高你的销售业绩。

虽说都能提高你的销售业绩，不过他们的能力却也参差不齐。

因此，在进行互联网销售时，你必须睁大双眼，"挑选、管理、教育"好你的合作伙伴，即广告公司。

为了帮各位"挑选、管理、教育"好广告公司，为了不让各位上劣质广告公司的当，我总结了和广告公司打交道的22条成功经验。

如果各位希望在网络营销上取得成功，请一定仔细研读，并在此基础上认真实践。

和广告公司合作的22条成功经验

经验之 ①　不要让自己的广告成为别人的评奖作品

不要让自己的广告成为别人的评奖作品，这些公司为了让作品参选入围，它们通常会优先考虑自己的兴趣，而不是你（广告主）的销售业绩。

本来广告只是促销商品的画框，可许多广告专业人士却认为广告本身就是其中的图案。

其实广告公司哪怕花一秒钟考虑一下广告主投放广告的目的，它们就绝不会拿人家的钱开玩笑了。

经验之 ②　只有媒体广告方案的公司最差劲

在专门从事网络广告的公司里有这样一类公司，它们只会给你一份关于媒体广告的方案，我们尽量不要选择这类公司，它们是所有广

189

告公司中最差劲的类型。不客气地说，要是单纯需求一个媒体广告的方案，我还找你干吗！

为了使广告的成本收益率最大化，广告人至少应该给商家拿出从创意到跟进销售的全套解决方案。

经验之③　小心那些用术语忽悠的广告公司

有些公司很喜欢"社交""归因""DSP""大数据"等等谜一样的营销术语，这类公司我们要避而远之。

因为这些公司中无外乎是一群喜欢新潮时尚、喜欢评头论足的人，他们根本不懂广告。

他们只不过是想用这些新潮的词汇来忽悠你罢了。

经验之④　比起"售楼员"，还是"基金经理"好

不要选用向你兜售媒体广告、售楼员似的广告代理人。而要选用能替你考虑投资的成本收益率（ROI:广告费同收益比）、基金经理似的广告代理人。

经验之 ⑤　广告费不是"要"来的，而是"赚"来的

不要选用那些就知道收取广告费的公司，而要选择那些通过拉升商家业绩从中获取广告费的公司。这种广告公司会努力帮助商家提升业绩，再从中获得相应的高额利润。

经验之 ⑥　拒绝你的公司其实更可信

有些公司根据你的要求，深思熟虑后可能会拒绝你的任用，其实这样的公司更可信，反倒应该重用。

作为一个广告公司当然希望接到单子，但它会认真考虑你的需求，当它认为力所不及时会明确地拒绝你，其实这样的公司更可信。

经验之 ⑦　一个团队其实不及"一位超级优秀的广告人员"

如果广告公司指派一名有经验的人员为您处理整个业务，其实是一件好事。

你可能会觉得如果广告公司为了你的案子专门组建一个团队会让人更加放心。

191

★ 购买按钮要用绿色的

可事实上，广告的品质往往与关联人数成反比，团队意见的不一致正是原因所在。因此制作网络广告时，如果一位有经验的从业人员能大包大揽是再好不过了。

经验之 ⑧ 让广告公司拿出明确的目标值

如果一个广告公司能为"每行动成本""成交率""每订单成本""客单价""顾客终身价值（LTV）"等设定明确的目标值，这样的公司便值得选用。

当然也有些广告从业人员为了免责不愿给出明确的目标值。这些当属个例。

广告主和广告公司必须确立一个目标，时常交换意见、互通有无。其实造成广告费浪费的最大元凶就是没有一个明确的目标。

经验之 ⑨ 选择那些珍视广告主资金的公司

如果广告公司能把商家的钱看成是自己的钱，我相信他们一定会反复斟酌避免失误，也会尽力和媒体交涉压低成本，还会努力完善创意提高广告的回应率。

对于一名广告从业人员来说，他首先应该具备的能力就是明白钱的分量。

经验之⑩　是否可以按照效果支付佣金

想知道一个广告公司的实力怎么样，你不妨问问和你常有往来的广告人员：

"如果没达到设定的目标，15%的佣金为0；如果达到了设定目标，15%的佣金翻倍，你愿意接受吗？"

如果他犹豫了，说明这家公司实力不佳。

如果他欣然接受了，你大可以放心地选择这家公司。不过，如果真达到了设定目标，你可别赖账啊！

经验之⑪　经验决定一切！务必索要简历

当我们选择某家广告公司后，别忘记问一下负责本案的广告专员曾有哪些成功的案例，最好向他索要一下个人简历。

★ 购买按钮要用绿色的

如果你疏忽大意把广告交给一个完全没有直销广告经验的小白，那你就等着倒霉吧。

比起公司资质，广告专员的资历更为重要。这个行业，经验决定一切。

经验之 ⑫　这个方案，"小学生"看得懂吗

对于广告公司给出的方案，有一个方法可以立刻知道它有效果，还是没效果？

"〇"=方案简单明了，小学生也能看懂，即有效果。

"×"=看似有创意，但复杂难以理解，即无效果。

因为缺少内容，人们才会在在形式上做文章，才会让设计和主旨变得晦涩。

经验之 ⑬　私人订制毫无秘诀可言

如果某广告公司告诉你,它将为您私人订制一套全新方案。我可以告诉你，这套方案很难取得效果。

因为针对每一个商家的订制方案毫无成功秘诀可言。

只有基于那些成功案例，找到适合所有商家的企划案（或者说模式），才能叫作秘诀。

经验之 ⑭　别看别人脸色，方案自己说了算

请独自判定广告公司方案的好坏。

对于广告的判定，其实最怕的就是多人负责的方式。

因为广告公司为了迎合所有负责人的喜好，就会把广告弄成"盒饭"，没有主菜，只有配菜，这样势必平淡无味。所以判定方案的好坏时，你一个就足够了。

经验之 ⑮　A/B 试验比直觉更可靠

切记，既不要相信自己的直觉，也不要相信广告公司创意人员的直觉。

在网络广告的成本收益率达到最大之前，先用预算的10%对广告创意进行A/B 试验，再从中选取回应率最高的方案大规模投放。

★ 购买按钮要用绿色的

然而很多广告主都不舍得在A/B试验上投入时间和金钱，仅凭自己的直觉或者广告公司创意人员的直觉就草率地作出决定，结果往往以失败告终。

经验之⑯ "创意案"和"跟进销售流程"一个都不能少

如果想在互联网营销上取得成功，至少要让广告公司给出"创意案"和以邮件为基础的"跟进销售流程"。

换句话说，如果连"创意案"和"跟进销售流程"都拿不出的广告公司，我们压根儿就不能用。如果只是提供个媒体就能把钱赚到手，对于广告公司来说未免也太轻松了。我们绝不可以听之任之。

本书告诉你的内容，你必须交代广告公司去做！

经验之⑰ 贪多嚼不烂！事情交给一家广告公司

如果你想压低媒体成本，就别贪多，将事情交给一家广告公司即可。

很多广告主为了压低成本，会让多家广告公司参与竞标，不过事实恰恰相反，集中精力同一家公司交涉，往往更容易降低成本。这是因为，对于媒体来说供给渠道较为单一，这也是该行业的特点所在。

经验之 ⑱　"网络广告，非做不可！"是真的吗

如果广告公司告诉你"网络广告，非做不可！"，其实完全可以不去理会。

最近10年，在商家中充斥着"网络广告，非做不可！"的言论，为此网络广告行业迅猛崛起。

但无论是线上广告，还是线下广告，只要效果好就是最好的媒体。因此每家公司应根据自身的情况选择效果最好的媒体。

不过话说回来，如果能按照本书介绍的内容去实践，网络绝对是效果最好的媒体。

经验之 ⑲　投资做广告，还不如发钱给员工

我想对全国的广告主说一句话。

如果你们公司的广告部门或者合作的广告公司没干劲儿或者没能

★ 购买按钮要用绿色的

力将广告的成本收益率最大化，那还不如把广告费发给员工。

因为这么做关乎公司的未来，更有实际意义。

经验之 ⑳　以"1年"为单位评判广告的成本收益率

对于单一商品的网络销售，广告的目的不仅限于"每行动成本"。

我们不仅要关注"成交率""每订单成本""客单价""年度购买次数""顾客终身价值（LTV）"，还要关注一年后的"年度广告成本收益率（ROAS）"。

就像公司以年为单位进行结算一样，广告也应以年为单位，这样才能够更加准确地把握效果。

我反复强调过，如果哪家广告公司只拿每行动成本说事，最好压根儿别用。

经验之 ㉑　在广告创意上要舍得花钱

制作广告时，你可以和广告公司就媒体砍砍价，但千万别在创意上砍价。因为媒体价格下来了，效果还是一样，可用在创意上的费用少了，那做出来的东西，品质和效果也一定大打折扣。

经验之㉒　找到可以信赖的合作公司，就别再"作"了

如果你有幸遇到了值得信赖的广告公司（广告专员），就别再搞什么竞标。

一般情况下，你将事情都交给这一家公司（一个人），他也一定会知恩图报。

为了这份信赖，为了肩上的责任，他们大都会尽心竭力地给你一套切实有效的方案。正如一剂有效的药方需要医患的诚实沟通一样，一套有效的方案也需要广告主和广告公司的理解和信任。

★ 购买按钮要用绿色的

> ▶结论
>
> **把本书交给广告公司，让它们认真实行，给出目标值**

以上赘述了许多，总而言之你只要在选定广告公司时，明确指出：

"这一年的营销就全权交给你们了！"

"请按照书中的内容认真实行！"

"1年后请务必让'成交率''每订单成本''客单价''年度购买次数''顾客终身价值（LTV）''年度广告的成本收益（ROAS）'达到目标值"就可以了。

本章的内容，在广告行业恐怕是不能说的秘密。我无意冒犯，请各位同仁谅解。

我只是想竭尽所能让花了大笔费用的广告主实现盈利。因为广告主盈利了，广告行业才会更加有生气。

终　章

提升营业额的超强必杀技

★ 购买按钮要用绿色的

从失败案例中我们应得到哪些教训

下面让我们来共同总结一下成功和失败案例各有哪些特点，

首先是失败案例。

许多网销企业在投放网络广告时，都采用了动感的图片广告，而顾客通过广告又常被引导至网站首页，因此回应率极低。

此外，好不容易有顾客来购物（或索取样品），发货时商家却在附赠的信函中只留下了电话、回执、传真等信息，后续销售当然不理想。

还有，好不容易有顾客来购物（或索取样品），可商家却不加区分地给所有顾客都发送同一种邮件，并竭力将顾客引导至网站首页。

你觉得这是在搞营销吗？

这简直就是小毛孩过家家。

然而令人震惊的是，90%以上的网销企业进行的都是这种营销。

不过也正因如此，您才有机会。只要您将本书的内容付诸实践，我相信您很快就可以成为业界翘楚。其实能成为业界翘楚并不是你多厉害，而是你的竞争对手根本就不懂营销。行业的整体水平越低，就蕴藏着更广阔的空间。

重申一遍，只要你按照本书的内容认真实践，就可以很快成为业界翘楚。

【总结】网络广告/网络销售的失败模式

【总结】
绝大多数网络广告/网络销售的模式都是这样的……

随随便便的营销模式……

回应阶段　　购买阶段　　复购阶段　　交叉销售

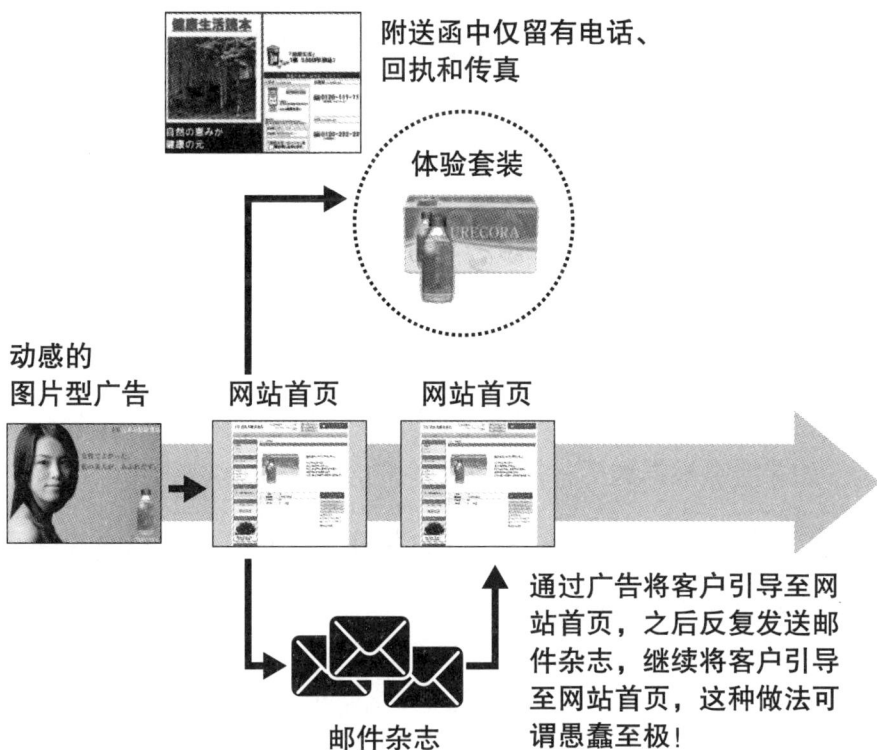

附送函中仅留有电话、回执和传真

体验套装

动感的图片型广告

网站首页　　网站首页

邮件杂志

通过广告将客户引导至网站首页，之后反复发送邮件杂志，继续将客户引导至网站首页，这种做法可谓愚蠢至极！

203

> **!** **从成功案例中我们应得到哪些启示**

我说过，只要您将本书的内容付诸实践，就可以很快成为业界翘楚。最后，我为各位总结一下成功企业的营销方法。

首先，投放的网络广告如果是静态的、有内容的，点击率往往较高。在此基础上，如果将顾客引导至广告专用的引导页面上，转化率会进一步提高。

另外，如果将申请表设置在了广告专用引导页上，转化率最为理想。如果在"购买确认页面"进行向上销售，向上销售的效果较好；如果在"购买完成页面"设置了"转发"按钮，口碑宣传的效果较好。

给顾客发送产品时，如果附赠函上注明了"检索词、网址、二维码"等信息，成交率和重复购买率往往较高。

如果能够根据购买、复购等不同的阶段给顾客发送不同的专用"追踪邮件"，将顾客诱导至不同的专用"引导页"，那么成交率和重复购买率会进一步提高。

【总结】网络广告/网络销售的最佳模式

最合理的营销模式

| 回应阶段 | 购买阶段 | 复购阶段 | 交叉销售 |

网络专用附送函

体验套装

★申请表格设置在引导页上
★申请表优化
★在购买确认页面上进行向上销售
★在购买完成页面上鼓励顾客转发

静态
内容型广告

广告专用
引导页

购买专用
引导页

首次购买

★申请表格设置在引导页上
★申请表优化
★在购买确认页面上进行
向上销售
★在购买完成页面上鼓励
顾客转发

购买邮件

复购专用引导页

购买专用追踪邮件

★结合消费周期发送邮件
★按照首次申请时间发送邮件
★一键购物

★申请表格设置在引导页上
★申请表优化
★在购买确认页面上进行向上销售
★在购买完成页面上鼓励顾客转发

第2次购买

复购邮件

复购专用追踪邮件

★申请表格设置在
引导页上
★申请表优化
★在购买确认页面上
进行向上销
★在购买完成页面上
鼓励顾客转发

第3次购买   第4次购买   营业额

★ 购买按钮要用绿色的

如果追踪邮件的发送时机符合顾客的消费周期，成交率和重复购买率会进一步提高；如果追踪邮件的发送时间符合顾客的首次购买时间，成交率和重复购买率会进一步提高；如果在追踪邮件中设置了一键购买的按钮，成交率和重复购买率会进一步提高；如果你掌握了以上原则，贵司的回应率、成交率、重复购买率、交叉销售率都会有大幅度提升，不仅广告的成本收益率会大增，营销额也会翻倍增长。

本书的内容，是我在15年间，运用了200亿日元广告费，通过几百次A/B试验才总结出的经验，它不仅可以提高广告的回应率，更可以增大广告费的成本收益率。

本书既不是假说，更不是套话。

每条经验都经过了多家公司的验证。

因此，只要您将本书介绍的经验运用到实践中去，我敢保证你的网络广告成本收益率一定会大增！

再说一遍，只要你将本书的内容付诸实践，你便可以轻松成为业界翘楚。

> **！** 推荐Fusic株式会社出品的"网络广告利器**兹库路**（音译）"，有了它，你可以轻松将本书的内容付诸实践。

如果你掌握了本书内容，并付诸实践，网络广告的单位成本效益就一定会有所提升。

只不过，我讲的"最优模式"，必须要对原有的模式进行变革。如果贵司现在仅有"购物车系统""邮件杂志发送系统"和"主页"，想要达到"最强模式"就需要重新开发，会花费巨额的费用，如果重新做整个系统，在日本，要上千万日元。不仅费用庞大，开发周期也较长，短则4个月，长则一年。

在此，我向您郑重推荐由九州大学开发，由Fusic出品的名为"网络广告利器**兹库路**"的编程工具（ASP），只要您拥有它，就可以轻轻松松将本书的内容付诸实践了。这个工具（ASP）用起来还是比较划算的。

※仅限日语版，中文版正在准备中（www.ureruad.cn）

无论是在引导页上设置申请表、在确认页面上进行向上销售、在完成页面上分享给好友，还是结合消费周期和首次购买时间发送追踪邮件、一键购物，统统都可以实现。

通过下面的两个案例，您就可以了解到使用该工具，加上本书所讲的经验后单位成本效益的提升效果了。

★ 购买按钮要用绿色的

"网络广告利器兹库路"的模式

网络广告利器兹库路

💡 最合理的营销模式

回应阶段 ▶ 购买阶段 ▶ 复购阶段 ▶ 交叉销售

网络专用附送函

体验套装

广告专用
引导页

购买专用
引导页

★申请表格设置在引导页上
★EFO
★在申请确认页面上进行向上销售
★在申请完成页面上进行口碑宣传

首次购买

静态
内容型广告

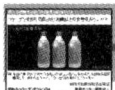

★申请表格设置在引导页上
★EFO
★在申请确认页面上进行
向上销售
★在申请完成页面上进行
口碑宣传

购买邮件
购买专用追踪邮件

★结合消费周期发送邮件
★按照首次申请时间发送邮件
★一键购物

复购专用引导页

第2次购买

↓

★申请表格设置在引导页上
★EFO
★在申请确认页面上进行向上销售
★在申请完成页面上进行口碑宣传

复购邮件
复购专用追踪邮件

第3次购买 第4次购买 营业额

★申请表格设置在
引导页上
★EFO
★在申请确认页面
上进行向上销

> 年度ROAS（广告的单位成本效益）提高6.19倍／11.6倍

网络广告利器兹库路

实例❶　（护肤品）年度ROAS（广告的单位成本效益）**提高6.19倍**

			免费体验装 BEFORE 其他公司	免费体验装 AFTER 网络广告利器兹库路
CPA: Cost Per Action	每行动成本 投入成本即媒体费用。总回应数即申请体验装、索取小样的潜在客户。	投入成本／总回应数	￥1,930	￥1,250
购买率	潜在客户中购买本产品的比例	总购买人数／总回应数	9.0%	17.5%
CPO: Cost Per Order	每订单成本	投入成本／总购买人数	￥21,444	￥7,143
购买单价	每位顾客单次购物的平均金额	年销售额／年度订单总数	￥2,642	￥2,642
年度购买次数	本年度每位顾客的平均购买次数	年度购买单价／单次购买单价	2.55次	5.2次
年度购买单价（LTV）	本年度每位顾客的平均购买金额	年销售额／顾客人数	￥6,737	￥13,738
年度ROAS	本年度广告的单位成本效益	年度购买单价（LTV）／CPO	31%	192% GOOD!

实例❷　（营养补充剂）年度ROAS（广告的单位成本效益）**提高11.6倍**

			500日元特惠体验装 BEFORE 其他公司	500日元特惠体验装 AFTER 网络广告利器兹库路
CPA: Cost Per Action	每行动成本 投入成本即媒体费用。总回应数即申请体验装、索取小样的潜在客户。	投入成本／总回应数	￥5,000	￥1,052
购买率	潜在客户中购买本产品的比例	总购买人数／总回应数	15%	27.9%
CPO: Cost Per Order	每订单成本	投入成本／总购买人数	￥33,333	￥3,770
购买单价	每位顾客单次购物的平均金额	年销售额／年度订单总数	￥3,240	￥3,370
年度购买次数	本年度每位顾客的平均购买数	年度购买单价／单次购买单价	3.0次	3.78次
年度购买单价（LTV）	本年度每位顾客的平均购买金额	年销售额／顾客人数	￥9,720	￥12,739
年度ROAS	本年度广告的单位成本效益	年度购买单价（LTV）／CPO	29%	338% GOOD!

209

后 记

其实，成功和失败仅一线之隔

即便你知道再多的经验和诀窍，如果不去实践，那就是零。

别找任何借口。既然您读了本书，我就希望您能够付诸实践，从中受益。

最近，由于受邀演讲的机会越来越多，很多企业实践后频传捷报。说实在的，这些经验并非首创，早在互联网出现之前，销售大师就积累了大量的经验智慧。其实网络营销的秘诀，就来源于这类销售，特别是直销。

互联网只有短短的十几年，而直销却有着百年历史，直销中蕴藏着宝贵的经验和智慧。

最后，我向各位读者保证，只要你认真按照本书的内容实践，就一定能提高广告的单位成本收益，就一定能实现盈利。

"能不能实现"就只在于你"去不去实践"！